O Caminho para Deus

The Way to God
(And How to Find It)

Dwight L. Moody

O Caminho para Deus

para Deus

(E Como Encontrá-lo)

ANEKO
PRESS

Design da Capa: Jonathan Lewis

Tradutor: Mark Steven

Editor: Tiago Salvador

Aneko Press

www.anekopress.com

A Aneko Press, a Life Sentence Publishing e os nossos logos são marcas registradas de

Life Sentence Publishing, Inc.

203 E. Birch Street

P.O. Box 652

Abbotsford, WI 54405

RELIGIÃO / Vida Cristã / Crescimento Espiritual

Livro de bolso ISBN: 979-8-88936-523-5

eBook ISBN: 979-8-88936-524-2

Disponível onde livros são vendidos

Sumário

Ao leitor

Eu tentei apontar o caminho para Deus neste pequeno volume. Incluí uma grande parte de vários sermões que preguei em diferentes cidades da Grã-Bretanha e em meu próprio país, os Estados Unidos. Deus abençooou graciosamente esses sermões, quando os preguei no púlpito, e oro para que Ele acrescente Sua bênção sobre eles agora em sua forma impressa, juntamente com alguns materiais adicionais.

Em primeiro lugar, chamo a atenção para o amor de Deus, a fonte de todos os dons da graça. Então, procuro apresentar verdades que atendam às necessidades específicas de diferentes grupos de pessoas, respondendo como alguém pode estar certo diante de Deus, com o objetivo de conduzir almas a Ele, *que é o caminho, a verdade e a vida* (João 14:6).

O último capítulo é dirigido especialmente aos desviados - uma classe de pessoas que são muito numerosas entre nós.

Com sincera oração e esperança de que, pela bênção

de Deus nestas páginas, o leitor possa ser fortalecido, estabelecido e firmado na fé de Cristo,

Sou seu a serviço Dele,

D. L. Moody.

Capítulo 1

Amor que Ultrapassa Todo Conhecimento

Conhecer o amor de Cristo que excede o conhecimento. (Efésios 3:19)

S e eu pudesse fazer com que as pessoas entendessem o real significado das palavras do apóstolo João — *Deus é amor* — eu pegaria esse único texto e sairia pelo mundo todo proclamando essa gloriosa verdade. Se você conseguir convencer alguém de que Ele O ama, então terá ganho Seu coração. Se pudermos convencer pessoas a crer que Deus os ama, veríamos pessoas se aglomerando no reino dos céus. O problema é que as pessoas acham que Deus os odeia, e então estão constantemente fugindo Dele.

Nós construímos uma igreja em Chicago alguns anos atrás e estávamos muito ansiosos para ensinar o amor de Deus às pessoas. Pensamos que, se não pudéssemos pregá-la em seus corações, tentaríamos enfatizá-la de outras maneiras; então, colocamos essas palavras sobre o púlpito: *Deus é Amor*. Um homem que passava pela rua uma noite olhou pela porta e viu o texto. Ele era um pobre pródigo que se afastava de Deus. Enquanto passava, pensou consigo mesmo: *Deus é amor! Não! Ele não me ama, pois sou um pobre pecador miserável.* Tentou tirar o texto da cabeça, mas ele parecia destacar-se diante de si em letras de fogo. Avançou um pouco mais, depois deu meia volta, regressou e entrou na reunião.

Ele não ouviu o sermão, mas as palavras desse pequeno texto ficaram profundamente gravadas em seu coração, e isso bastou. Pouco importa o que os homens dizem, se apenas a Palavra de Deus entra no coração do pecador. Aquele homem ficou até depois que a reunião terminou, e eu o encontrei chorando como uma criança. Desdobrei as Escrituras e lhe disse como Deus o amava o tempo todo, embora ele tivesse se afastado tanto, e que Deus esperava para recebê-lo e perdoá-lo. A luz do evangelho penetrou em sua mente, e ele foi embora como um novo homem, alegrando-se no amor de Cristo Jesus.

Não há nada neste mundo que valorizamos tanto quanto o amor. Mostre-me uma pessoa que não tem ninguém para cuidar dela ou amá-la, e eu lhe mostrarei um dos seres mais miseráveis da face da Terra. Por que as pessoas cometem suicídio? Muitas vezes, isso se deve ao fato de que esse pensamento se apodera delas — que ninguém as ama e que elas preferem morrer a viver.

Não conheço nenhuma verdade em toda a Bíblia que deva chegar até nós com tanto poder e ternura quanto a do amor de Deus, e não há nenhuma verdade na Bíblia que Satanás gostaria tanto de apagar. Por mais de seis mil anos, ele tem tentado persuadir as pessoas de que Deus não as ama. Ele conseguiu fazer com que nossos primeiros pais acreditassem nessa mentira e, com muita frequência, consegue fazê-lo com seus filhos.

A ideia de que Deus não nos ama geralmente vem de ensinamentos falsos. Os pais cometem o erro de ensinar aos filhos que Deus só os ama quando fazem o certo, mas não os ama quando fazem o errado. Você não ensina a seus filhos que os odeia quando eles fazem coisas erradas. Os erros cometidos por eles não transformam seu amor em ódio; se isso acontecesse, você mudaria seu amor muitas vezes. Porque seu filho é rabugento ou cometeu algum ato de desobediência, você não o expulsa como se ele não pertencesse a você! Não! Ele continua sendo seu filho e você o ama. Se algumas pessoas se afastaram de Deus, isso não significa que Ele as odeia. É o pecado, a falta de arrependimento, o coração perverso que Ele odeia. *Mas Deus prova o seu próprio amor para conosco, em que Cristo morreu por nós, sendo nós ainda pecadores* (Romanos 5:8). *Nós o amamos porque Ele nos amou primeiro* (1 João 4:19).

Acredito que a razão pela qual muitas pessoas acham que Deus não as ama é que elas estão medindo Deus de acordo com sua própria regra, de seu próprio ponto de vista. Amamos os outros enquanto os consideramos dignos de nosso amor; quando não o são, nós os descartamos. Não é assim com Deus. Há uma grande diferença entre o amor humano e o amor divino.

Efésios 3:18 nos fala sobre a largura, o comprimento, a profundidade e a altura do amor de Deus. Muitos de nós achamos que sabemos algo do amor de Deus, mas daqui a séculos admitiremos que só conhecemos uma pequena parte dele. Colombo descobriu a América, mas o que ele sabia sobre seus grandes lagos, rios, florestas e o Vale do Mississippi? Ele morreu sem saber muito sobre o que havia descoberto. Da mesma forma, muitos de nós descobrimos algo sobre o amor de Deus, mas há alturas, profundidades e extensões que não conhecemos. Esse amor é um grande oceano, e precisamos mergulhar nele antes de realmente sabermos algo a seu respeito.

Um arcebispo católico romano de Paris foi jogado na prisão e condenado a ser fuzilado. Pouco antes de ser levado para fora para morrer, ele viu uma janela em sua cela com o formato de uma cruz. Na parte superior da cruz, ele escreveu a *altura*, na parte inferior, a *profundidade* e, no final de cada braço, o *comprimento*. Ele havia experimentado a verdade transmitida no hino de Isaac Watts:

> Quando contemplo a maravilhosa cruz
>> Na qual morreu o Príncipe da glória,
> Meu mais rico ganho eu considero como perda,
>> E desprezo todo o meu orgulho.

> Proíbe, Senhor, que eu me gabe,
>> A não ser na morte de Cristo, meu Deus!
> Todas as coisas vãs que mais me encantam,
>> Eu as sacrifico ao Seu sangue.

Veja em Sua cabeça, Suas mãos, Seus pés,
  Tristeza e amor fluem misturados!
Será que o amor e a dor já se encontraram,
  Ou espinhos compuseram tão rica coroa?

Se todo o reino da natureza fosse meu,
  Isso seria um presente pequeno demais;
Amor tão incrível, tão divino,
  Exige minha alma, minha vida, meu tudo.

Quando quisermos conhecer o amor de Deus, devemos ir ao Calvário. Será que podemos olhar para aquela cena e dizer que Deus não nos amou? Aquela cruz fala do amor de Deus. Nunca se ensinou um amor maior do que o que a cruz ensina. O que levou Deus a entregar Cristo e o que levou Cristo a morrer, se não foi o amor? *Ninguém tem maior amor do que este: de dar alguém a sua vida pelos seus amigos* (João 15:13). Cristo deu Sua vida por Seus inimigos. Cristo deu Sua vida por Seus assassinos. Cristo deu Sua vida por aqueles que O odiavam. O espírito da cruz, o espírito do Calvário, é o amor. Quando estavam zombando Dele e ridicularizando-o, o que Ele disse? *E dizia Jesus: Pai, perdoa-lhes, porque não sabem o que fazem* (Lucas 23:34). Isso é amor. Ele não fez descer fogo do céu para consumi-los; não havia nada além de amor em Seu coração.

O Amor de Deus é Imutável

Se você estudar a Bíblia, verá que o amor de Deus é imutável. Muitos que o amaram no passado talvez tenham esfriado sua afeição e se afastado de você: pode ser que o amor deles tenha se transformado em ódio. Não é assim com Deus. Está registrado sobre Jesus Cristo, quando Ele estava prestes a ser separado de Seus discípulos e levado para o Calvário, que *"como havia amado os seus que estavam no mundo, amou-os até ao fim* (João 13:1)." Ele sabia que um de Seus discípulos o trairia, mas amava Judas. Ele sabia que outro discípulo o negaria e juraria que nunca o conhecera, mas mesmo assim amou Pedro. Cristo tinha o amor por Pedro que quebrou o coração dele e o trouxe de volta, arrependido, aos pés de seu Senhor. Por três anos, Jesus esteve com os discípulos, ensinando-lhes Seu amor, não apenas por Sua vida e palavras, mas também por Suas obras. Na noite em que foi traído, Ele pegou uma bacia de água, envolveu-se em uma toalha, tomou o lugar de um servo e lavou os pés deles. Ele queria convencê-los de Seu amor imutável.

Não há nenhuma parte das Escrituras que eu leia com tanta frequência quanto João 14, e não há nenhuma que eu ame mais. Nunca me canso de lê-la. Ouçam o que nosso Senhor diz, quando Ele abre Seu coração aos discípulos: *Naquele dia conhecereis que estou em meu Pai, e vós em mim, e eu em vós. Aquele que tem os meus mandamentos e os guarda, esse é o que me ama; e aquele que me ama será amado de meu Pai* (João 14:21). Pense no grande Deus que criou o céu e a terra, amando você e a mim! *Se alguém me ama, guardará a minha palavra, e meu Pai o amará, e viremos para ele e faremos nele morada* (João 14:23).

Quisera Deus que nossas mentes insignificantes pudessem compreender essa grande verdade - o Pai e o Filho nos amam tanto que desejam vir e habitar conosco! Não para ficar por uma noite, mas para vir e habitar em nosso coração.

Temos outra passagem maravilhosa em João 17:23: *Eu neles, e tu em mim, para que eles sejam perfeitos em unidade, a fim de que o mundo conheça que tu me enviaste e que os tens amado a eles, como também tens amado a mim.* Acho que essa é uma das afirmações mais notáveis que já saiu dos lábios de Jesus Cristo. Não há razão para que o Pai não O ame. Ele foi obediente até a morte. Ele nunca transgrediu a lei do Pai nem se desviou do caminho da perfeita obediência, nem por um fio de cabelo. É muito diferente conosco e, no entanto, apesar de toda a nossa rebelião e insensatez, Ele diz que se estivermos confiando em Cristo, o Pai nos ama como ama o Filho. Amor magnífico! Amor maravilhoso! O fato de Deus poder nos amar como ama Seu próprio Filho parece bom demais para ser verdade, mas é isso que Jesus Cristo ensina.

É difícil fazer com que um pecador acredite nesse amor imutável de Deus. Quando alguém se afasta de Deus, ele pensa que Deus o odeia. Precisamos fazer uma distinção entre o pecado e o pecador. Deus ama o pecador, mas odeia o pecado.[1] Ele odeia o pecado porque ele prejudica a vida humana. É porque Deus ama o pecador que Ele odeia o pecado.

---

1   Por mais que isso seja bíblico, há também escrituras que indicam o ódio de Deus pelos pecadores, como o Salmo 5:5: *Os loucos não permanecerão na tua presença; aborreces a todos os que praticam a iniquidade,* e Salmos 7:11: *Os insensatos (os dominados por pensamentos e desejos carnais) não subsistirão diante de ti; tu rejeitas todos os que praticam a maldade.*

O Amor de Deus é Infalível

O amor de Deus não é apenas imutável, mas é infalível. Em Isaías 49:15-16, lemos: *Porventura pode uma mulher esquecer-se tanto de seu filho que cria, que não se compadeça do filho do seu ventre? Mas ainda que esta se esquecesse, eu, todavia, não me esquecerei de ti. Eis que nas palmas das minhas mãos eu te gravei; os teus muros estão continuamente perante mim.*

O amor humano mais forte que conhecemos é o amor de uma mãe. Muitas coisas separam um homem de sua esposa. Um pai pode virar as costas para seu filho. Irmãos e irmãs podem se tornar inimigos ferrenhos. Os maridos podem abandonar suas esposas e as esposas podem abandonar seus maridos, mas o amor de uma mãe resiste a tudo. Com boa ou má reputação, diante da condenação do mundo, a mãe ama e espera que seu filho se converta de seus maus caminhos e se arrependa. Ela se lembra dos sorrisos infantis, do riso alegre da infância, da promessa da juventude; ela nunca pode ser levada a considerá-lo indigno. A morte não pode extinguir o amor de uma mãe; ele é mais forte do que a morte.

Vocês já viram uma mãe cuidando de seu filho doente. Como ela aceitaria de bom grado a doença em seu próprio corpo se seu filho pudesse ficar bom! Semana após semana, ela se manterá vigilante; não permitirá que ninguém mais cuide daquela criança doente.

Um amigo meu, há algum tempo, estava visitando uma bela casa onde encontrou vários amigos. Depois que todos foram embora, tendo deixado algo para trás, ele voltou para pegar o que havia deixado. Lá encontrou a dona da casa, uma senhora rica, sentada atrás de um pobre coitado que parecia um vagabundo. Ele era seu próprio filho. Como o filho pródigo, ele havia se afastado muito, mas a mãe disse: "Este é o meu filho; eu ainda o amo". Se uma mãe tiver nove ou dez filhos, e se um deles se desviar do caminho, ela parece amá-lo mais do que os outros.

Certa vez, um importante pastor do estado de Nova Iorque me contou sobre um pai que era uma pessoa muito ruim. A mãe fez tudo o que pôde para evitar que o filho seguisse os caminhos pecaminosos do pai, mas a influência do pai foi mais forte. Ele levou o filho a todo tipo de pecado até que o rapaz se tornou um dos piores criminosos. Ele cometeu um assassinato e foi levado a julgamento. Durante todo o julgamento, a mãe viúva (pois o pai havia morrido) ficou sentada no tribunal. Quando as testemunhas depuseram contra o menino, isso pareceu magoar muito mais a mãe do que o filho. Quando ele foi considerado culpado e condenado à morte, todos os outros sentiram a justiça do veredicto e pareciam satisfeitos com o resultado. Mas o amor da mãe nunca diminuiu. Ela implorou por um indulto, mas isso lhe foi negado. Após a execução, ela pediu o corpo do filho para poder enterrá-lo, o que também foi negado. De acordo com o costume, ele foi enterrado no pátio da prisão. Pouco tempo depois, a própria mãe morreu, mas antes de morrer, ela expressou o desejo de ser enterrada ao lado de seu filho. Ela não tinha vergonha de ser conhecida como a mãe de um assassino.

Outra história é a de uma jovem escocesa que deixou sua casa e se tornou uma pária em Glasgow. Sua mãe a procurou por toda parte, mas em vão. Por fim, ela fez com que sua própria foto fosse pendurada nas paredes dos quartos da Missão da Meia-Noite, onde as mulheres abandonadas às vezes ficavam. Muitas mulheres deram uma olhada de relance na foto, mas uma jovem permaneceu ao lado dela. A jovem reconheceu o mesmo rosto querido que a contemplava em sua infância. Ela não havia se esquecido nem abandonado sua filha pecadora, ou seu retrato nunca teria sido pendurado naquelas paredes. Os lábios pareciam se abrir e sussurrar: "Venha para casa; eu a perdoo e ainda a amo". A pobre moça se afundou, dominada por seus sentimentos. Ela era a filha pródiga. A visão do rosto de sua mãe partiu seu coração. Ela se tornou verdadeiramente penitente por seus pecados e, com o coração cheio de tristeza e vergonha, voltou para sua casa abandonada, e mãe e filha estavam novamente unidas.

Mas deixe-me dizer a você que nenhum amor de mãe pode ser comparado ao amor de Deus; ele não mede a altura ou a profundidade do amor de Deus. Nenhuma mãe neste mundo jamais amou seu filho como Deus ama você e a mim. Pense no amor que Deus deve ter tido quando deu Seu Filho para morrer pelo mundo. Eu costumava pensar muito mais em Cristo do que no Pai. De uma forma ou de outra, eu tinha a ideia de que Deus era um juiz severo e que Cristo se interpôs entre mim e Deus e aplacou a ira de Deus. Mas, depois que me tornei pai e tive um filho único durante anos, ao olhar para meu filho, pensei no Pai dando Seu Filho para morrer, e parecia que era necessário mais amor para o Pai dar Seu Filho do que para o Filho morrer.

Oh, o amor que Deus deve ter tido pelo mundo quando deu Seu Filho para morrer por ele! *Porque Deus amou o mundo de tal maneira que deu o seu Filho unigênito, para que todo aquele que nele crê não pereça, mas tenha a vida eterna* (João 3:16). Nunca consegui pregar sobre esse texto. Muitas vezes pensei em fazê--lo, mas ele é tão alto que nunca consigo subir até sua altura. Eu apenas o citei e segui em frente. Quem pode compreender a profundidade dessas palavras? *Porque Deus amou o mundo de tal maneira?* Nunca poderemos escalar as alturas de Seu amor ou sondar suas profundezas. Paulo orou para que pudesse conhecer a altura, a profundidade, o comprimento e a largura do amor de Deus, mas isso já não era possível. *Excede todo o entendimento* (Efésios 3:19).

Nada nos fala do amor de Deus como a cruz de Cristo. Venham comigo até o Calvário e olhem para o Filho de Deus enquanto Ele está pendurado lá. Podes ouvir aquele clamor pungente de Seus lábios moribundos: *Pai, perdoa-lhes, porque não sabem o que fazem*, e ainda dizer que Ele não te ama? *Ninguém tem maior amor do que este: de dar alguém a sua vida pelos seus amigos* (João 15:13). Mas Jesus Cristo deu Sua vida por Seus inimigos.

Outro pensamento é este: Ele nos amou muito antes de pensarmos Nele. A ideia de que Ele não nos ama até que nós O amemos primeiro não é encontrada nas Escrituras. Em 1 João 4:10, está escrito: *Nisto está o amor: não em que nós tenhamos amado a Deus, mas em que Ele nos amou e enviou Seu Filho para propiciação pelos nossos pecados.* Ele nos amou antes que pensássemos em amá-Lo. Você amou seus filhos antes que eles soubessem algo sobre seu amor. E assim, muito antes de pensarmos em Deus, já estávamos em Seus pensamentos.

O que trouxe o filho pródigo de volta para casa? Foi o pensamento de que seu pai o amava. Suponhamos que ele tivesse recebido a notícia de que havia sido rejeitado e que seu pai não se importava mais com ele; será que ele teria voltado? Nunca! Mas, ao pensar que seu pai ainda o amava, ele se levantou e voltou para sua casa.

Caro leitor, o amor do Pai deve nos levar de volta a Ele. Foi a calamidade e o pecado de Adão que revelaram o amor de Deus. Quando Adão caiu, Deus desceu e tratou-o com misericórdia. Se alguém se perder, não será porque Deus não o ama; será porque ele resistiu ao amor de Deus.

O que tornará o céu atraente? Serão os portões de pérolas ou a rua dourada? Não. O céu será atraente porque lá contemplaremos Aquele que nos amou tanto a ponto de dar Seu Filho unigênito para morrer por nós. O que torna o lar atraente? São os belos móveis e os cômodos imponentes? Não. Alguns lares com tudo isso são como sepulcros caiados. No Brooklyn, uma mãe estava morrendo, e foi necessário tirar o filho dela porque a criança não conseguia entender a natureza da doença e não queria deixar a mãe sozinha. Todas as noites, a criança chorava até dormir na casa de um vizinho, porque queria voltar para a casa da mãe; mas a mãe piorava, e eles não podiam levar a criança para lá. Por fim, a mãe morreu. Depois de sua morte, acharam melhor não deixar a criança ver sua mãe morta no caixão. Após o enterro, a criança correu para um quarto chorando: "Mamãe! Mamãe!" e depois para outro, gritando: "Mamãe! Mamãe!" e assim percorria toda a casa; quando a criança não encontrava o ente querido em casa, chorava para ser levada de volta aos vizinhos. Portanto, o que torna o céu atraente é a ideia de que veremos Cristo Jesus, que nos amou e se entregou por nós.

Se você me perguntar por que Deus nos ama, não saberei dizer. Suponho que seja porque Ele é um verdadeiro Pai. É de Sua natureza amar, assim como é da natureza do sol brilhar. Ele quer que você compartilhe desse amor. Não deixe que a incredulidade o afaste Dele. Não pense que, por ser um pecador, Deus não o ama ou não se importa com você. Ele ama! Ele quer salvá-lo e abençoá-lo.

Porque Cristo, estando nós ainda fracos, morreu a seu tempo pelos ímpios (Romanos 5:6). Isso não é suficiente para convencê-lo de que Ele o ama? Ele não teria morrido por você se não o tivesse amado. Seu coração é tão duro que você pode se opor ao amor Dele, rejeitá-lo e desprezá-lo? Você *pode* fazê-lo, mas será por sua conta e risco.

Posso imaginar alguns dizendo a si mesmos: "Sim, acreditamos que Deus nos ama, se O amarmos; acreditamos que Deus ama o puro e o santo" Deixe-me dizer, meu amigo, que Deus não apenas ama o puro e o santo, mas também nos ama quando ainda somos ímpios. *Mas Deus prova o seu amor para conosco em que Cristo morreu por nós, sendo nós ainda pecado-res* (Romanos 5:8). Deus O enviou para morrer pelos pecados do mundo. Se você pertence ao mundo, então você pode ter parte nesse amor que foi exibido na cruz de Cristo.

Apocalipse 1:5 é muito importante para mim: *Àquele que nos ama, e em seu sangue nos lavou dos nossos pecados.* Poder-se-ia pensar que Deus primeiro nos lavaria e depois nos amaria. Mas não, Ele primeiro nos amou. Há cerca de oito anos, o país inteiro estava muito entusiasmado com o sequestro de Charlie Ross, uma criança de quatro anos. Dois homens em uma carruagem de um cavalo perguntaram a ele e a um irmão mais velho se queriam um doce. Em seguida, foram embora com o menino mais novo, deixando o mais velho. Durante muitos anos, foram feitas buscas em todos os estados e territórios. Homens foram até a Grã-Bretanha, França e Alemanha e caçaram em vão pela criança. A mãe ainda vive na esperança de ver seu Charlie há muito tempo perdido. Não me lembro de todo o país ter ficado tão perturbado com qualquer acontecimento, a menos que tenha sido o assassinato do Presidente Garfield.

Bem, suponhamos que a mãe de Charlie Ross estivesse sentada na plataforma de uma reunião e, enquanto o pregador falava, ela olhasse para a plateia e visse seu filho há tanto perdido. Suponhamos que ele fosse pobre, sujo e maltrapilho, sem sapatos e sem casaco; o que ela faria? Ela esperaria até que ele estivesse lavado e decentemente vestido antes de reconhecê-lo? Não, ela sairia da plataforma imediatamente, correria em sua direção e o tomaria nos braços. Depois disso, ela o lavaria e vestiria. Assim é com Deus. Ele nos amou e nos lavou. Posso imaginar alguém perguntando: "Se Deus me ama, por que Ele não me faz bom?" Deus quer filhos e filhas no céu; Ele não quer máquinas ou escravos. Ele poderia quebrar nossos corações teimosos, mas quer nos atrair para si pelas cordas do amor.

Ele quer que você se sente com Ele na ceia das bodas do Cordeiro. Ele quer lavá-lo e torná-lo mais branco do que a neve. Ele quer que você caminhe com Ele na calçada de cristal do céu - aquele mundo distante e feliz. Ele quer adotá-lo em Sua família e fazer de você um filho ou uma filha do céu. Você pisoteará o amor dEle sob seus pés ou se entregará a Ele de uma vez por todas?

Quando a terrível Guerra Civil estava em andamento, uma mãe recebeu a notícia de que seu filho havia sido ferido na Batalha de Wilderness. Ela pegou o primeiro trem e partiu para ver seu filho, embora o Departamento de Guerra tivesse ordenado que nenhuma outra mulher fosse admitida dentro das linhas. Mas o amor de uma mãe não conhece ordens, então ela conseguiu, com lágrimas e súplicas, passar pelas linhas. Finalmente, ela encontrou o hospital onde seu filho estava. Então, ela foi até o médico e disse: "O senhor me deixa ir até a enfermaria e cuidar do meu filho?"

O médico disse: "Acabei de fazer seu filho dormir; ele está em estado muito crítico e temo que, se você o acordar, a agitação será tão grande que o matará. É melhor esperar um pouco e ficar do lado de fora até que eu diga a ele que você chegou; deixe-me dar a notícia a ele aos poucos".

A mãe olhou para o rosto do médico e disse: "Doutor, suponha que meu filho não acorde e eu nunca mais o veja vivo! Deixe-me ir e sentar-me ao lado dele; não falarei com ele."

"Se não falar com ele, pode fazê-lo", disse o médico.

Ela se arrastou até o berço e olhou para o rosto de seu filho. Como ela desejava olhar para ele! Como seus olhos pareciam estar se deliciando ao contemplar seu semblante! Quando ela se aproximou o suficiente, não conseguiu manter as mãos afastadas; ela colocou aquela mão terna e amorosa sobre a testa dele. No momento em que a mão tocou a testa de seu filho, sem abrir os olhos, ele gritou: "Mãe, você veio!" Ele conhecia o toque daquela mão carinhosa. Havia amor e simpatia nela.

Ah, pecador, se você sentir o toque amoroso de Jesus, você o reconhecerá; Ele é cheio de ternura. O mundo pode tratá-lo com crueldade, mas Cristo nunca o fará. Você nunca terá um amigo melhor neste mundo. O que você precisa é se achegar a Ele hoje. Deixe que Seu braço amoroso esteja sob você; deixe que Sua mão amorosa esteja ao seu redor. Ele o amparará com grande poder. Ele o guardará e encherá seu coração com Sua ternura e amor.

Posso imaginar alguns de vocês perguntando: "Como devo ir até Ele?" Ora, da mesma forma que você se dirigiria à sua mãe. Você fez uma grande injúria e um grande mal a sua mãe? Se sim, vá até ela e diga: "Mãe, quero que a senhora me perdoe". Trate Cristo da mesma maneira. Vá até Ele hoje e diga-Lhe que não O amou, que não O tratou bem; confesse seus pecados e veja como Ele o abençoará rapidamente.

Lembro-me de outro incidente - o de um rapaz que foi julgado por uma corte marcial e recebeu a ordem de ser fuzilado. Os corações do pai e da mãe ficaram partido quando ouviram a notícia. Naquela casa havia uma garotinha. Ela havia lido a vida de Abraham Lincoln e disse: "Se Abraham Lincoln soubesse o quanto meu pai e minha mãe amavam seu filho, ele não deixaria que meu irmão fosse fuzilado". Ela queria que seu pai fosse a Washington para defender seu filho. Mas o pai disse: "Não; não adianta; a lei deve ser seguida. Eles se recusaram a perdoar um ou dois que foram condenados por aquela corte marcial, e foi emitida uma ordem para que o presidente não interferisse novamente; se um homem foi condenado por uma corte marcial, ele deve sofrer as consequências". Aquele pai e aquela mãe não tinham fé para acreditar que seu filho poderia ser perdoado.

Mas a menina tinha muita esperança; ela pegou o trem em Vermont e partiu em direção a Washington. Quando chegou à Casa Branca, os soldados se recusaram a deixá-la entrar, mas ela contou sua história lamentável e eles a deixaram passar. Quando ela chegou à sala do secretário, onde estava o secretário particular do presidente, ele se recusou a permitir que ela entrasse no escritório particular do presidente. Mas a menina contou sua história, que tocou o coração do secretário particular, e ele a deixou entrar. Quando ela entrou na sala de Abraham Lincoln, senadores, generais, governadores e políticos importantes dos Estados Unidos estavam lá para discutir assuntos importantes relacionados à guerra, mas o Presidente Lincoln viu por acaso aquela criança parada à sua porta. Ele quis saber o que ela queria, e ela foi até ele e contou sua história em seu próprio idioma. Ele era pai, e grandes lágrimas escorreram pelo rosto de Abraham Lincoln. Ele escreveu um despacho e o enviou ao exército para que o garoto fosse enviado a Washington imediatamente. Quando ele chegou, o presidente o perdoou, deu-lhe trinta dias de licença e o mandou para casa com a garotinha para alegrar o coração do pai e da mãe.

Você quer saber como ir a Cristo? Vá assim como aquela garotinha foi até Abraham Lincoln. É possível que você tenha uma história sombria para contar. Deixe tudo para fora; não esconda nada. Se Abraham Lincoln teve compaixão daquela garotinha, ouviu seu pedido e o atendeu, você acha que o Senhor Jesus não ouvirá sua oração? Você acha que Abraham Lincoln, ou qualquer outro homem que já viveu na Terra, teve tanta compaixão quanto Cristo? Não! Ele será movido por compaixão quando ninguém mais o fizer. Ele terá misericórdia quando ninguém mais tiver. Ele se compadecerá quando ninguém mais o fizer. Se você for direto a Ele, confessando seu pecado e sua necessidade, Ele o salvará.

Há alguns anos, um homem deixou a Inglaterra e foi para a América. Ele era inglês, mas foi naturalizado para se tornar um cidadão americano. Depois de alguns anos, ele se sentiu inquieto e insatisfeito, então foi para Cuba. Depois de estar em Cuba por algum tempo, a guerra civil eclodiu no país. Isso ocorreu em 1867, e o homem foi preso pelo governo espanhol como espião. Ele foi julgado por uma corte marcial, considerado culpado e condenado ao fuzilamento. Todo o julgamento foi conduzido em espanhol, e o pobre homem não sabia o que estava acontecendo.

Quando lhe disseram o veredicto, que ele havia sido considerado culpado e condenado a ser fuzilado, ele procurou as embaixadas americana e inglesa e expôs todo o caso, provando sua inocência e pedindo proteção. Elas examinaram o caso e descobriram que aquele homem, que os oficiais espanhóis haviam condenado a ser fuzilado, era perfeitamente inocente. Eles foram até o general espanhol e disseram: "Veja bem, esse homem que vocês condenaram à morte é inocente; ele não é culpado".

Mas o general espanhol disse: "Ele foi julgado por nossa lei. Ele foi considerado culpado e deve morrer". Não havia cabo elétrico para enviar um telégrafo e, portanto, esses homens não podiam consultar seus governos.

Chegou a manhã em que o homem deveria ser executado. Ele foi trazido em uma carroça, sentado em seu caixão, e foi levado para o local onde seria executado. Um túmulo foi cavado. Eles tiraram o caixão da carroça, colocaram o jovem sobre ele e baixaram um capuz preto sobre seu rosto. Os soldados espanhóis aguardaram a ordem para atirar, mas nesse momento os cônsules americano e inglês chegaram. O cônsul inglês desceu da carruagem e pegou a *Union Jack*, a bandeira britânica, e a enrolou em volta do homem, e o cônsul americano enrolou a *Star-Spangled Banner* em volta dele; então, voltando-se para os oficiais espanhóis, eles disseram: "Disparem contra essas bandeiras, se ousarem". Eles não ousaram disparar contra as bandeiras. Havia dois grandes governos por trás daquelas bandeiras. Esse foi o segredo da história.

Ele me levou ao seu salão de banquetes, e sua bandeira sobre mim é o amor. . . . A sua esquerda esteja debaixo da minha cabeça, e a sua direita me abrace (Cantares 2:6). Graças a Deus, podemos nos colocar sob essa bandeira hoje, se quisermos. Qualquer pobre pecador pode se colocar sob essa bandeira hoje. Sua bandeira de amor está sobre nós. Bendito evangelho; benditas e preciosas notícias. Creia *nele* hoje; receba-o em seu coração e entre em uma nova vida. Deixe que o amor de Deus seja derramado em seu coração pelo Espírito Santo hoje (Romanos 5:5). Ele afastará as trevas. Ele afastará a escuridão. Ele afastará o pecado, e você terá paz e alegria.

Capítulo 2

O Portal para o Reino

Aquele que não nascer de novo não pode ver o reino de Deus (João 3:3).

Essa passagem pode ser a parte mais familiar da Palavra de Deus que conhecemos. Suponho que se eu perguntasse às pessoas de qualquer plateia se elas acreditavam que Jesus Cristo ensinou a doutrina do novo nascimento, nove décimos delas diriam: "Sim, acredito que Ele ensinou".

As palavras desse texto incorporam uma das questões mais solenes que podem surgir diante de nós. Podemos nos dar ao luxo de ser enganados sobre muitas coisas, mas não sobre isso. Cristo deixa isso bem claro. Ele diz: *Se alguém não nascer de novo, não poderá ver o reino de Deus...* Essa doutrina do novo nascimento é, portanto, o alicerce de todas as nossas esperanças para o mundo vindouro. Ela é realmente o ABC da religião cristã.

Minha experiência tem demonstrado que, se alguém não estiver bem fundamentado nessa doutrina, não estará bem fundamentado em quase todas as outras doutrinas fundamentais da Bíblia. Uma verdadeira compreensão desse assunto ajudará a pessoa a resolver mil dificuldades que possa encontrar na Palavra de Deus. Coisas que antes pareciam muito obscuras e misteriosas se tornarão muito claras.

A doutrina do novo nascimento perturba toda religião falsa — todas as visões falsas sobre a Bíblia e sobre Deus. Um amigo me contou certa vez que, em uma de suas reuniões após o culto, um homem o procurou com uma longa lista de perguntas escritas para que ele respondesse. Ele disse: "Se você puder responder a essas perguntas de forma satisfatória, já decidi que vou me tornar um cristão".

"Você não acha", disse meu amigo, "que é melhor vir a Cristo primeiro? Depois, poderá examinar essas perguntas". O homem pensou que talvez fosse melhor fazer isso. Depois de ter recebido Cristo, ele olhou novamente para sua lista de perguntas, mas então lhe pareceu que todas haviam sido respondidas.

Nicodemos veio com a mente perturbada, e Cristo lhe disse: *Você precisa nascer de novo.* Ele foi tratado de forma totalmente diferente do que esperava, mas acho que essa foi a noite mais abençoada de toda a sua vida. Nascer de novo é a maior bênção que já recebemos neste mundo.

Observe como as Escrituras colocam isso. *Aquele que não nascer de novo e do Espírito* não pode entrar no reino de Deus. Dentre as várias outras passagens em que encontramos essa palavra, *"a menos"*, eu citaria apenas três. *Se não vos arrependerdes, todos de igual modo perecereis* (Lucas 13:3,5) *Se não vos converterdes e não vos fizerdes como meninos, de modo algum entrareis no reino dos céus* (Mateus 18:3). *Porque vos digo que, se a vossa justiça não exceder a dos escribas e fariseus, de modo nenhum entrareis no reino dos céus* (Mateus 5:20). Na verdade, todos eles significam a mesma coisa.

Sou muito grato pelo fato de nosso Senhor ter falado sobre o novo nascimento a esse líder dos judeus, esse doutor da lei, em vez de falar à mulher do poço de Samaria, ou a Mateus, o publicano, ou a Zaqueu. Se Ele tivesse reservado Seu ensino sobre esse grande assunto para esses três, ou para outros como esses, as pessoas teriam dito: "Ah, sim, esses publicanos e prostitutas precisam ser convertidos, mas eu sou um homem íntegro. Não preciso ser convertido". Suponho que Nicodemos era um dos melhores exemplares do povo de Jerusalém; não havia nada registrado contra ele.

Acho que não é necessário que eu prove que precisamos nascer de novo antes de estarmos aptos para o céu. Ouso dizer que não há nenhum homem honesto que diga que está pronto para o reino de Deus até que tenha nascido do Espírito Santo. A Bíblia nos ensina que o homem, por natureza, está perdido e é culpado, e nossa experiência confirma isso. Sabemos também que o melhor e mais santo dos homens logo cairá em pecado se se afastar de Deus.

Agora, deixe-me dizer o que não é regeneração. Não é ir à igreja. Muitas vezes, quando vejo pessoas, pergunto se elas são cristãs. "Sim, claro que sou; vou à igreja todos os domingos". Ah, mas isso não é regeneração.

Outros dizem: "Estou tentando fazer o que é certo — não sou um cristão? Isso não é um novo nascimento?" Não. O que isso tem a ver com nascer de novo? Há ainda outra classe — aqueles que "viraram uma nova página" e acham que são regenerados. Não, tomar uma nova decisão não é nascer de novo.

O batismo também não lhe trará nenhum benefício. No entanto, você ouve as pessoas dizerem: "Ora, eu fui batizado e nasci de novo quando fui batizado". Elas acreditam que, por terem sido batizadas na igreja, foram batizadas no reino de Deus. Digo a vocês que isso é totalmente impossível. Você pode ser batizado na igreja e ainda assim não ser batizado no Filho de Deus. O batismo está certo em seu lugar. Deus não permita que eu diga algo contra ele. Mas se você colocar isso no lugar da regeneração - no lugar do novo nascimento - é um erro terrível. Você não pode ser batizado no reino de Deus. *A menos que alguém nasça de novo, não poderá ver o reino de Deus.* Se alguém que estiver lendo este texto depositar suas esperanças em qualquer outra coisa - em qualquer outro fundamento — oro para que Deus o dissipe.

Outra classe diz: "Eu vou à Ceia do Senhor; participo regularmente do sacramento". Bendita ordenança! Jesus disse que, sempre que a fizerem, vocês se lembrarão de Sua morte. No entanto, isso não é nascer de novo; isso não é passar da morte para a vida. Jesus diz claramente, e de forma tão clara que não deve haver engano: *Se alguém não nascer de novo, não poderá ver o reino de Deus.* O que um sacramento tem a ver com isso? O que ir à igreja tem a ver com nascer de novo?

Outra pessoa se aproxima e diz: "Faço minhas orações regularmente". Ainda assim, eu digo que isso não é nascer do Espírito. É uma questão muito solene que se apresenta diante de nós, e todo leitor deve se perguntar com sinceridade e fé: "Eu nasci de novo? Nasci do Espírito? Passei da morte para a vida?"

Um grupo de pessoas diz que reuniões religiosas especiais são muito boas para algumas pessoas. Elas seriam muito boas se você pudesse levar o bêbado para lá, ou o jogador para lá, ou outras pessoas perversas para lá - isso faria muito bem. Mas, "Não precisamos nos converter", dizem eles. Para quem Cristo proferiu essas palavras de sabedoria? A Nicodemos. Quem era Nicodemos? Ele era um bêbado, um jogador ou um ladrão? Não! Sem dúvida, ele era um dos melhores homens de Jerusalém. Era um líder honrado. Pertencia ao Sinédrio. Ocupava uma posição muito elevada. Era um homem devoto. Era um dos homens mais sábios. E, mesmo assim, o que Cristo disse a ele? *A menos que alguém nasça de novo, não poderá ver o reino de Deus.*

Mas posso imaginar alguém dizendo: "O que devo fazer? Não posso criar vida. Certamente não posso me salvar". Você certamente não pode, e não afirmamos que você pode. Dizemos que é totalmente impossível tornar alguém melhor sem Cristo, mas é isso que as pessoas estão tentando fazer. Elas estão tentando consertar essa natureza do "velho Adão". Entretanto, deve haver uma nova criação. A regeneração é uma nova criação e, se é uma nova criação, deve ser obra de Deus. No primeiro capítulo de Gênesis, os seres humanos não aparecem. Não há ninguém lá além de

Deus. O homem não está lá para participar. Quando Deus criou a Terra, Ele estava sozinho. Quando Cristo redimiu o mundo, Ele estava sozinho.

O que é nascido da carne é carne, e o que é nascido do Espírito é espírito (João 3:6). Pode o etíope mudar a sua pele ou o leopardo as suas manchas? (Jeremias 13:23). Vocês também podem tentar se tornar puros e santos sem a ajuda de Deus. Seria tão fácil para vocês fazer isso quanto para uma pessoa mudar a cor de sua pele. Um homem pode muito bem tentar saltar sobre a lua como tentar servir a Deus na carne. Portanto, *o que é nascido da carne é carne, e o que é nascido do Espírito é espírito* (João 3:6).

Neste capítulo, Deus nos diz como devemos entrar em Seu reino. Não devemos trabalhar para entrar, embora valha a pena trabalhar pela salvação, se isso fosse possível. Todos nós admitimos isso. Se houvesse rios e montanhas no caminho, valeria a pena nadar por esses rios e escalar essas montanhas. Não há dúvida de que a salvação valeria todo esse esforço, mas não a obtemos por nossas obras. Mas, *àquele que não pratica, mas crê naquele que justifica o ímpio, a sua fé lhe é imputada como justiça* (Romanos 4:5). Trabalhamos porque somos salvos; não trabalhamos para sermos salvos. Trabalhamos a partir da cruz, mas não em direção a ela. Desenvolvei a vossa salvação *com temor e tremor* (Filipenses 2:12). Você precisa ter sua salvação antes de poder realizá-la.

Suponha que eu diga ao meu filho: "Quero que você gaste esses cem dólares com cuidado".

"Bem", diz ele, 'deixe-me ficar com os cem dólares e terei cuidado ao gastá-los'.

Lembro-me de quando saí de casa e fui para Boston. Eu havia gastado todo o meu dinheiro e ia ao correio três vezes por dia. Eu sabia que a correspondência de casa chegava apenas uma vez por dia, mas achava que, por algum motivo, poderia haver uma carta para mim. Enfim, recebi uma carta de minha irmãzinha e, oh, como fiquei feliz em recebê-la. Ela tinha ouvido falar que havia muitos batedores de carteira em Boston, e grande parte da carta pedia que eu tomasse muito cuidado para não deixar ninguém roubar meu bolso. No entanto, eu precisava ter algo em meu bolso antes de poder ser roubado. Portanto, você precisa ter a salvação antes de poder trabalhar nela.

Quando Cristo clamou no Calvário: *"Está consumado!"* Ele estava falando sério. Tudo o que as pessoas precisam fazer agora é simplesmente aceitar a obra de Jesus Cristo. Não há esperança para o homem ou para a mulher enquanto eles estiverem tentando conseguir a salvação por si mesmos. Eu consigo imaginar que algumas pessoas dirão, como Nicodemos possivelmente fez, "Isso é uma coisa muito misteriosa". Vejo a carranca na testa daquele fariseu quando ele diz: "Como podem ser essas coisas?" Soa muito estranho para seus ouvidos. "Nascido de novo; nascido do Espírito! Como podem ser essas coisas?"

Muitas pessoas dizem: "Você precisa raciocinar; se não raciocinar, não nos peça para acreditar". Posso imaginar muitas pessoas dizendo isso. Quando me pedem para raciocinar, eu lhes digo sinceramente que não posso fazer isso. *O vento assopra onde quer, e ouves a sua voz, mas não sabes de onde vem, nem para onde vai; assim é todo aquele que é nascido do Espírito* (João 3:8). Não entendo tudo sobre o vento. Você me pede para raciocinar sobre isso. Eu não consigo. Ele pode soprar para o norte aqui e para o sul a cem milhas de distância. Posso subir algumas centenas de metros e descobrir que está soprando em uma direção totalmente oposta à que sopra aqui embaixo. Você me pede para explicar essas correntes de vento, mas e se eu não puder explicá-las e não entendê-las, vou tomar minha posição e declarar: "O vento não existe"?

Posso imaginar uma garotinha dizendo: "Eu sei mais sobre isso do que aquele homem; muitas vezes ouvi o vento e o senti soprando contra meu rosto". Ela pode perguntar: "O vento não soprou meu guarda-chuva das minhas mãos outro dia? Não o vi arrancar o chapéu de um homem na rua? Não o vi soprar as árvores da floresta e o milho que está crescendo no campo?"

Você poderia muito bem me dizer que o vento não existe, assim como me dizer que não existe uma pessoa nascida do Espírito. Já senti o Espírito de Deus operando em meu coração, tão real e verdadeiramente quanto senti o vento soprando em meu rosto. Eu não consigo entender isso. Há muitas coisas que não consigo explicar, mas nas quais acredito. Nunca consegui raciocinar sobre a criação. Posso ver o mundo, mas não posso dizer como Deus o fez a partir do nada. Mas quase todo mundo admite que existe um poder criativo.

Há muitas coisas que não consigo explicar nem raciocinar, mas ainda assim acredito. Ouvi um viajante comercial dizer que tinha ouvido falar que o ministério e a religião de Jesus Cristo eram questões de revelação e não de investigação. *Mas, quando aprouve a Deus . . . que desde o ventre de minha mãe me separou e me chamou pela sua graça, revelar seu Filho em mim*, diz Paulo (Gálatas 1:15-16). Havia um grupo de jovens que estava indo para o campo; durante a viagem, decidiram não acreditar em nada que não pudessem raciocinar. Um homem idoso os ouviu e lhes disse: "Ouvi vocês dizerem que não acreditariam em nada que não pudessem explicar."

"Sim", disseram eles, *'é isso mesmo'.*

"Bem", disse ele, "descendo no trem hoje, notei alguns gansos, algumas ovelhas, alguns suínos e alguns bovinos, todos comendo grama. Você pode me dizer por qual processo essa mesma grama foi transformada em pelos, penas, cerdas e lã? Acreditam que isso é um fato?"

"Ah, sim", disseram eles, "Não podemos deixar de acreditar nisso, embora não consigamos entender."

"Bem", disse o idoso, *'não posso deixar de acreditar em Jesus Cristo'.*

E eu não posso deixar de acreditar na regeneração do homem, quando vejo pessoas que foram recuperadas, quando vejo pessoas que foram reformadas, mudadas por Deus e receberam novos corações pelo Espírito Santo de Deus. Será que algumas das piores pessoas não foram regeneradas - tiradas do abismo com os pés colocados sobre a Rocha e um novo cântico colocado em suas bocas? Suas línguas costumavam amaldiçoar e blasfemar, mas agora elas louvam a Deus. *Assim que, se alguém está em Cristo, nova criatura é: as coisas velhas já passaram; eis que tudo se fez novo* (2 Coríntios 5:17). Eles não são apenas reformados, mas são regenerados. São novas criações em Cristo Jesus.

Lá embaixo, nos becos escuros de uma de nossas grandes cidades, há um pobre bêbado. Acho que se você quiser se aproximar do inferno, deve ir à casa de um pobre bêbado. Vá até a casa desse pobre bêbado miserável. Existe algo mais parecido com o inferno na Terra? Veja a carência e a angústia que reinam ali. Mas ouça! Um passo é ouvido na porta, e as crianças correm e se escondem. A esposa paciente espera para encontrar o homem. Ele tem sido seu tormento. Muitas vezes ela foi a receptora de sua raiva. Muitas vezes aquela forte mão direita foi lançada sobre sua cabeça indefesa. E agora ela espera, esperando ouvir seus juramentos e sofrer seu tratamento brutal. Ele chega e lhe diz: "Fui à reunião e ouvi que, se eu me voltar para Deus, poderei me converter. Creio que Deus é capaz de me salvar".

Vá até aquela casa novamente em algumas semanas. Que mudança! Ao se aproximar, você ouve alguém cantando. Não é a música de um festeiro, mas o som daquele bom e velho hino, *"Rock of Ages"*. As crianças não têm mais medo do homem, mas se juntam ao redor de seu joelho. Sua esposa está perto dele, com o rosto iluminado por um brilho feliz. Isso não é um retrato da regeneração? Posso levá-lo a muitos lares assim, que se tornaram felizes pelo poder regenerador do evangelho de Cristo. O que as pessoas precisam é de poder para vencer a tentação, poder para levar uma vida correta - e esse poder é encontrado no Espírito Santo de Deus.

A única maneira de entrar no reino de Deus é *nascer* nele. A lei deste país exige que o presidente nasça no país. Quando estrangeiros chegam ao nosso país, eles não têm o direito de reclamar de uma lei que os proíbe de se tornarem presidentes. Ora, Deus não tem o direito de estabelecer a lei de que todos aqueles que se tornam herdeiros da vida eterna devem *nascer* em Seu reino?

Alguém que não tenha nascido de novo preferiria estar no inferno a estar no céu. Pegue um homem cujo coração esteja cheio de corrupção e maldade e coloque-o no céu entre os puros, os santos e os redimidos; ele não gostaria de ficar lá. Certamente, se quisermos ser felizes no céu, precisamos começar a criar um céu aqui na Terra. O céu é um lugar preparado para um povo preparado. Se um apostador ou um blasfemador fosse tirado das ruas de Nova York e colocado na calçada de cristal do céu e sob a sombra da árvore da vida, ele diria: "Não quero ficar aqui". Se as pessoas fossem levadas para o céu exatamente como são por natureza, sem terem seus corações regenerados, haveria outra rebelião no céu. O céu está cheio de uma companhia daqueles que nasceram duas vezes.

Em João 3:14-15 nós lemos, *E, como Moisés levantou a serpente no deserto, assim importa que o Filho do Homem seja levantado, para que todo aquele que nele crê não pereça, mas tenha a vida eterna.* Quem quer que seja! — Preste atenção nisso! Deixe-me dizer a vocês que não são salvos o que Deus fez por vocês. Ele já fez tudo o que poderia fazer para sua salvação. Você não precisa esperar que Deus faça mais nada. Em um lugar, Ele pergunta o que mais poderia ter feito. *Que mais se podia fazer à minha vinha, que eu lhe não tenha feito?* (Isaías 5:4) Ele enviou Seus profetas, e eles os mataram; depois enviou Seu Filho amado, e eles O assassinaram. Agora Ele enviou o Espírito Santo para nos convencer do pecado e nos mostrar como devemos ser salvos.

Neste capítulo, é-nos dito como devemos ser salvos: a saber, por Aquele que foi levantado na cruz. E, como Moisés levantou a serpente no deserto, assim importa que o Filho do Homem seja levantado, *para que todo aquele que nele crê não pereça, mas tenha a vida eterna.* Algumas pessoas reclamam e dizem que não é razoável que elas sejam responsabilizadas pelo pecado de um homem há seis mil anos. Não faz muito tempo, um homem estava conversando comigo sobre essa injustiça, como ele a chamou. Se um homem acha que vai responder a Deus dessa forma, digo-lhe que isso não lhe trará nenhum benefício. Se você estiver perdido, não será por causa do pecado de Adão.

Deixe-me ilustrar isso e talvez você consiga entender melhor. Suponhamos que eu esteja morrendo de tuberculose, que peguei de meu pai ou de minha mãe. Não contraí a doença por culpa minha ou por negligência com minha saúde; eu a herdei, vamos supor. Um amigo chega por acaso, olha para mim e diz: "Moody, você está doente. Você tem tuberculose".

Eu respondo: "Eu sei disso. Não preciso que ninguém me diga isso".

"Mas", diz ele, 'Há um remédio'.

"Mas, senhor, eu não acredito nisso. Tentei os melhores médicos deste país e da Europa, e eles me disseram que não há esperança."

"Mas você me conhece, Moody; você me conhece há anos."

"Sim, senhor."

"Você acha, então, que eu lhe diria uma mentira?"
"Não."

"Bem, há dez anos eu estava tão doente quanto você. Os médicos me deram como desenganado, mas tomei este remédio e ele me curou. Estou perfeitamente bem. Olhe para mim."

Eu digo: "Esse é um caso muito incomum".

"Sim, pode ser incomum, mas é um fato. Este medicamento me curou; tome este medicamento e ele o curará. Embora tenha me custado muito, não lhe custará nada. Não faça pouco caso disso, eu lhe peço".

"Bem", eu digo, 'Gostaria de acreditar em você, mas isso é contrário à minha razão'.

Ao ouvir isso, meu amigo vai embora e volta com outro amigo que testemunha a mesma coisa. Eu continuo descrente, então ele vai embora e traz outro amigo, e outro, e outro, e outro; e todos eles testemunham a mesma coisa. Eles dizem que estavam tão doentes quanto eu, mas tomaram o mesmo remédio que me foi oferecido e ele os curou. Meu amigo então me entrega o remédio. Eu o atiro no chão. Não acredito em seu poder salvador e morro. A razão, portanto, é que rejeitei o remédio.

Se vocês perecerem, não será porque Adão caiu, mas porque rejeitaram o remédio oferecido para salvá-los. Vocês escolheram as trevas em vez da luz (João 3:19). *Como escaparemos nós, se não atentarmos para uma tão grande salvação?* (Hebreus 2:3) Não há esperança para você se negligenciar o remédio. Não adianta olhar para a ferida. Se estivéssemos no acampamento israelita e tivéssemos sido mordidos por uma das serpentes ardentes, de nada nos adiantaria olhar para a ferida. Olhar para a ferida nunca salvará ninguém. O que você deve fazer é olhar para o remédio - olhar para Aquele que tem poder para salvá-lo de seu pecado.

Contemplem o acampamento dos israelitas; vejam a cena retratada em Números 21:6-9! Muitos estão morrendo porque negligenciam o remédio que é oferecido. Naquele deserto árido há muitas sepulturas minúsculas; muitas crianças foram mordidas pelas serpentes ardentes. Pais e mães estão enterrando seus filhos. Ali, estão enterrando uma mãe; uma mãe amada está prestes a ser enterrada na terra. A família chora e se reúne em torno da forma amada. Vocês ouvem os gritos de luto, veem as lágrimas amargas. O pai está sendo levado para seu último lugar de descanso. Há lamentos por todo o acampamento. Lágrimas estão sendo derramadas por milhares de pessoas que já faleceram; outros milhares estão morrendo, e a praga está se alastrando de uma ponta a outra do acampamento.

Vejo em uma tenda uma mãe israelita debruçada sobre o corpo de um menino amado que acaba de desabrochar na vida, que acaba de se tornar homem. Ela está enxugando o suor da morte que se acumula em sua testa. Logo seus olhos ficam fixos e vidrados, pois a vida está se esvaindo rapidamente. As cordas do coração da mãe estão rasgadas e sangrando. De repente, ela ouve um barulho no acampamento. Um grande grito é ouvido. O que isso significa? Ela vai até a porta da tenda. "Que barulho é esse no acampamento?", pergunta aos que passavam.

Alguém diz: "Ora, minha boa mulher, você não ouviu as boas novas que chegaram ao acampamento?"

"Não", diz a mulher. "Boas notícias! O que é isso?"

"Ora, você não ouviu? Deus providenciou um remédio".

"O quê! Para os israelitas mordidos? Oh, diga-me qual é o remédio!"

"Ora, Deus instruiu Moisés a fazer uma serpente de bronze e colocá-la em um poste no meio do acampamento. Ele declarou que todo aquele que olhar para ela viverá. O grito que você ouve é o grito do povo quando vê a serpente levantada."

A mãe volta para a tenda e diz: "Meu filho, tenho boas notícias para lhe dar. Você não precisa morrer! Meu filho, meu filho, tenho boas notícias; você pode viver!" Ele fica surpreso, mas está tão fraco que não consegue caminhar até a porta da tenda. Sua mãe coloca seus braços fortes sob ele e o levanta. "Olhe para lá; olhe bem ali embaixo da colina!"

Mas o menino não vê nada. Ele diz: "Não estou vendo nada; o que é, mãe?"

Ela diz: "Continue olhando, e você verá". Por fim, ele vislumbra a serpente brilhante, e eis que ele está bem!

E é assim que acontece com muitos jovens convertidos. Algumas pessoas dizem: "Ah, nós não acreditamos em conversões repentinas". Quanto tempo levou para curar aquele menino? Quanto tempo foi necessário para curar aqueles israelitas mordidos por serpentes? Foi só dar uma olhada, e eles ficaram bem.

Aquele menino hebreu é um jovem convertido. Posso imaginar que o vejo agora conclamando todos os que estavam com ele a louvar a Deus. Ele vê outro jovem mordido como ele, corre até ele e lhe diz: "Você não precisa morrer"

"Oh", responde o jovem, "não posso viver; não é

possível. Não há um médico em Israel que possa me curar". Ele não sabe que não precisa morrer.

"Você não ouviu as notícias? Deus providenciou um remédio".

"Que remédio?"

"Deus disse a Moisés para erguer uma serpente de bronze e disse que nenhum dos que olharem para essa serpente morrerá."

Posso imaginar o jovem. Ele pode ser o que você chama de homem intelectual. Ele diz ao jovem convertido: "Você não acha que eu vou acreditar em algo assim, acha? Se os médicos de Israel não conseguem me curar, como você acha que uma velha serpente de bronze em um poste vai me curar?"

"Ora, senhor, eu estava tão doente quanto o senhor!"

"Você não disse isso!"

"Sim, eu digo."

"Essa é a coisa mais surpreendente que já ouvi", disse o jovem. "Gostaria que o senhor explicasse como isso funciona."

"Não posso. Só sei que olhei para aquela serpente e fui curado. Foi isso que aconteceu. Eu apenas olhei; é isso. Minha mãe me contou os relatos que estavam sendo ouvidos no acampamento, e eu simplesmente acreditei no que minha mãe disse, e estou perfeitamente bem."

"Bem, não acredito que você tenha sido mordido tão gravemente quanto eu." O jovem puxa a manga da camisa. "Olhe aqui! Essa marca mostra onde fui mordido, e eu lhe digo que eu estava pior que você."

"Bem, se eu entendesse como isso funciona, eu olharia e ficaria bom."

"Você não precisa entender tudo; basta olhar e viver."

"Mas, senhor, você me pede para fazer uma coisa irracional. Se Deus tivesse dito para pegar o latão e esfregá-lo na ferida, poderia haver algo no latão que curaria a mordida. Jovem, explique-me como isso funciona".

Já vi muitas pessoas antes de mim que falaram dessa maneira. Mas o jovem chama outra pessoa, leva-a para a tenda e diz: "Conte-lhe como o Senhor o salvou", e ele conta a mesma história; chama outros e todos dizem a mesma coisa.

O jovem diz que é uma coisa muito estranha. "Se o Senhor tivesse dito a Moisés para ir buscar algumas ervas ou raízes, refogá-las e tomar o concentrado como remédio, haveria algo nisso. Mas é tão contrário à natureza fazer algo como olhar para a serpente, que não consigo fazer isso."

Por fim, sua mãe, que estava no acampamento, chegou e disse: "Meu filho, tenho a melhor notícia do mundo para você. Eu estava no acampamento e vi centenas de pessoas que estavam muito doentes, e todas elas estão perfeitamente bem agora".

O jovem disse: "Eu gostaria de ficar bom; morrer é um pensamento muito doloroso. Quero ir para a terra prometida, e é terrível morrer aqui neste deserto; mas o fato é que não entendo o remédio. Ele não apela para a minha razão. Não consigo acreditar que posso ficar bom em um momento". E o jovem morre por causa de sua própria incredulidade.

Deus providenciou um remédio para esse israelita mordido: 'Olhe e viva!' Há vida eterna disponível para todo pobre pecador. Olhe, e você pode ser salvo, meu leitor, nesta mesma hora. Deus providenciou um remédio, e ele é oferecido a todos. O problema é que muitas pessoas estão olhando para o poste. Não olhe para o poste; ele é a igreja. Você não precisa olhar para a igreja; a igreja é boa, mas não pode salvá-lo. Olhe para além do poste. Olhe para o Crucificado. Olhe para o Calvário. Tenha em mente que Jesus morreu por todos. Você não precisa olhar para os pastores; eles são apenas os instrumentos escolhidos por Deus para sustentar o Remédio - Cristo. Portanto, meus amigos, tirem seus olhos dos homens, tirem seus olhos da igreja. Levantem seus olhos para Jesus, que tirou o pecado do mundo, e vocês encontrarão vida a partir desta hora.

Graças a Deus, não precisamos de uma educação para nos ensinar a olhar. Aquela garotinha, aquele garotinho de apenas quatro anos de idade, que não sabe ler, pode olhar. Quando o pai está chegando em casa, a mãe diz ao filho: "Olhe! Olhe! Olhe!" e a criança aprende a olhar muito antes de completar um ano de idade. Essa é a maneira de ser salvo. *Eis o Cordeiro de Deus, que tira o pecado do mundo* (João 1:29). Há vida neste momento para todos que estiverem dispostos a olhar.

Algumas pessoas dizem: "Eu gostaria de saber como ser salvo". Basta acreditar na palavra de Deus e confiar em Seu Filho neste exato dia, nesta exata hora, neste exato momento. Ele o salvará se você confiar Nele. Imagino que ouço alguém dizer: "Não sinto a mordida - não sinto minha necessidade do Salvador tanto quanto gostaria de sentir. Sei que sou um pecador e tudo o mais, mas não sinto a mordida o suficiente". O quanto Deus quer que você sinta?

Quando eu estava em Belfast, conheci um médico que tinha um amigo lá, um importante cirurgião, e ele me disse que o costume do cirurgião antes de realizar qualquer operação era dizer ao paciente: "Dê uma boa olhada na ferida e depois fixe seus olhos em mim; não tire os olhos de mim até que eu termine". Na época, achei que essa era uma boa ilustração. Pecador, dê uma boa olhada em sua ferida, depois fixe os olhos em Cristo e não os tire dEle. É melhor olhar para o remédio do que para a ferida. Reconheça quão miserável e pecador você é, e então contemple *o Cordeiro de Deus, que tira o pecado do mundo.* Jesus morreu pelo ímpio e pelo pecador. Diga: "Eu O aceitarei!" Que Deus o ajude a erguer os olhos para o Homem no Calvário. Assim como os israelitas olharam para a serpente e foram curados, você pode olhar e viver.

Depois da Batalha de Pittsburg Landing, eu estava em um hospital em Murfreesboro. No meio da noite, fui acordado e disseram-me que um homem em uma das alas queria falar comigo. Fui até ele e ele me chamou de "capelão" (eu não era o capelão) e disse que queria que eu o ajudasse a se preparar para morrer. Eu disse: "Eu o pegaria em meus braços e o levaria para o reino de Deus se pudesse, mas não posso fazer isso. Não posso ajudá-lo a morrer!"

E ele perguntou: "Quem pode?"

Eu disse: "O Senhor Jesus Cristo pode; Ele veio com esse propósito".

Ele balançou a cabeça e disse: "Ele não pode me salvar; pequei durante toda a minha vida".

E eu disse: "Mas Ele veio para salvar os pecadores".

Pensei em sua mãe, no norte, e tive certeza de que ela estava ansiosa para que ele morresse em paz, então decidi que ficaria com ele. Orei duas ou três vezes e repeti todas as promessas que pude, pois era evidente que em poucas horas ele partiria. Eu disse que queria ler para ele uma conversa que Cristo teve com um homem que estava ansioso por sua alma. Abri o terceiro capítulo de João. Seus olhos estavam fixos em mim. Quando cheguei aos versículos 14 e 15, ele ouviu as palavras: *Assim como Moisés levantou a serpente no deserto, assim importa que o Filho do Homem seja levantado, para que todo aquele que nele crê não pereça, mas tenha a vida eterna* (João 3:14-15).

Ele me parou e disse: "Isso está escrito aí?"

Eu disse: "Sim".

Ele pediu que eu lesse novamente, e eu o fiz. Ele apoiou os cotovelos na cama, juntou as mãos e disse: "Isso é bom; você não quer ler de novo?" Li pela terceira vez e depois continuei com o restante do capítulo. Quando terminei, seus olhos estavam fechados, suas mãos estavam cruzadas e havia um sorriso em seu rosto. Oh, como ele estava iluminado! Que mudança havia ocorrido com ele! Vi seus lábios tremerem e, inclinando-me sobre ele, ouvi um sussurro fraco: *Assim como Moisés levantou a serpente no deserto, assim importa que o Filho do Homem seja levantado, para que todo aquele que nele crê não pereça, mas tenha a vida eterna.*

Ele abriu os olhos e disse: "Já chega; não leia mais". Ele ficou algumas horas pensando naqueles dois versículos. Depois, subiu em uma das carruagens de Cristo para ocupar seu lugar no reino de Deus.

Jesus respondeu a Nicodemos: *Na verdade, na verdade te digo que aquele que não nascer de novo não pode ver o reino de Deus.* Você pode ver muitos países, mas há um país, a terra de Beulah, que John Bunyan viu em uma visão, que você nunca contemplará a menos que nasça de novo, regenerado por Cristo. Você pode olhar ao redor e ver muitas árvores bonitas, mas nunca contemplará a árvore da vida a menos que seus olhos sejam clareados pela fé no Salvador. Você pode ver os belos rios da terra, mas lembre-se de que seus olhos nunca pousarão no rio que sai do trono de Deus e flui pelo reino dos céus, a menos que você nasça de novo. Foi Deus quem disse isso, não o homem. Você nunca verá o reino de Deus se não nascer de novo. Você pode ver os reis e senhores da terra, mas nunca verá o Rei dos reis e Senhor dos senhores, a menos que nasça de novo. Quando estiver em Londres, você pode ir à Torre e ver a coroa da Inglaterra, que vale milhares de dólares e é guardada por soldados, mas lembre-se de que seus olhos nunca pousarão na coroa da vida, a menos que você nasça de novo.

Você pode ouvir os cânticos de Sião, que são cantados aqui na Terra, mas um cântico, o de Moisés e do Cordeiro, seus ouvidos nunca ouvirão, a menos que você tenha nascido de novo; sua melodia só encantará os ouvidos daqueles que nasceram do Espírito. Vocês podem ver as belas mansões da Terra, mas lembrem-se de que nunca verão as mansões que Cristo foi preparar, a menos que nasçam de novo. É Deus quem diz isso. Você pode ver dez mil coisas bonitas neste mundo, mas nunca verá a cidade que Abraão vislumbrou, a

O CAMINHO PARA DEUS

menos que nasça de novo. Desde então, ele se tornou peregrino e forasteiro (Hebreus 11:8, 10-16) Você pode ser convidado com frequência para recepções de casamento aqui, mas nunca participará da ceia das bodas do Cordeiro, a menos que nasça de novo. É Deus quem diz isso, caro amigo. Você pode olhar para o rosto de sua mãe piedosa esta noite e saber que ela está orando por você, mas chegará o momento em que você nunca mais a verá, a menos que nasça de novo.

Você pode ser um rapaz ou uma moça que recentemente esteve ao lado do leito de uma mãe que estava morrendo, e ela pode ter dito: "Não deixe de me encontrar no céu", e você prometeu a ela que o faria. Mas você nunca mais a verá, a menos que olhe para o Cordeiro de Deus. Você deve acreditar em Jesus de Nazaré antes de acreditar nos incrédulos que dizem que você não precisa nascer de novo.

Pais, se esperam ver seus filhos que morreram, vocês precisam nascer do Espírito. É possível que você seja um pai ou uma mãe que recentemente colocou um ente querido na sepultura, e sua casa parece escura e triste. Você nunca mais verá seu filho, a menos que nasça de novo. Se quiser se reunir ao seu ente querido, você precisa nascer de novo. Talvez eu esteja me dirigindo a um pai ou a uma mãe que tem um ente querido lá no céu. Se você pudesse ouvir a voz desse ente querido, ele diria: "Venha por aqui". Você tem um amigo piedoso lá em cima?

Jovem ou moça, sua querida mãe já está no céu? Se você pudesse ouvi-la falar, ela não diria: "Afaste-se do mundo e siga Jesus, meu filho", "Olhe para Jesus, minha filha"? Se quiser vê-la novamente, você precisa nascer de novo.

Todos nós temos um irmão mais velho lá. Há dois mil anos, Ele fez a travessia e, das margens celestiais, está chamando você para o céu. Vamos virar as costas para o mundo. Façamos ouvidos surdos ao mundo. Olhemos para Jesus na cruz e sejamos salvos. Então, um dia, veremos o Rei em Sua beleza, e não sairemos mais.

Capítulo 3

Dois Grupos de Pessoas

Dois homens subiram ao templo para orar
(Lucas 18:10).

D ois grupos de pessoas que vivem em nosso mundo. Os primeiros não sentem a necessidade de um Salvador e não foram convencidos do pecado pelo Espírito; os segundos são convencidos do pecado e clamam: "O que devo fazer para ser salvo?"

Todos os inquiridores podem ser classificados em um de dois grupos: ou têm o espírito do fariseu, ou têm o espírito do publicano. Se uma pessoa com o espírito do fariseu vier a uma de nossas discussões para fazer perguntas e aprender mais sobre nascer de novo, não conheço nenhuma Escritura melhor para atender ao seu caso do que Romanos 3:10-11: *Como está escrito: Não há um justo, nem um sequer. Não há quem entenda, não há quem busque a Deus.*

Atitude do Fariseu

Paulo está falando aqui do homem natural, ou não salvo. *Todos se extraviaram e juntamente se fizeram inúteis. Não há quem faça o bem, não há nem um só* (Romanos 3:12). E em Romanos 3:17-19: *E não conheceram o caminho da paz. Não há temor de Deus diante de seus olhos. Ora, nós sabemos que tudo o que a lei diz aos que estão debaixo da lei o diz, para que toda boca esteja fechada e todo o mundo seja condenável diante de Deus.*

Em seguida, observe os versículos 22 e 23: *Porque não há diferença. Porque todos pecaram e destituídos estão da glória de Deus.* Não apenas parte da família humana — mas todos — *pecaram e destituídos estão da glória de Deus.*

Outro versículo que convence as pessoas de seus pecados é 1 João 1:8: *Se dissermos que não temos pecado, enganamo-nos a nós mesmos, e não há verdade em nós.* Em certa ocasião, realizamos reuniões em uma cidade do leste com quarenta mil habitantes. Uma senhora veio e pediu-nos que orássemos por seu marido, que ela pretendia levar para a reunião posterior. Já viajei muito e conheci muitos homens farisaicos, mas esse homem estava tão revestido de presunção que não era possível enfiar a ponta da agulha da convicção em lugar algum. Eu disse à esposa dele: "Fico feliz em ver sua fé, mas não conseguimos fazer com que ele sequer comece a ver a verdade de Deus; ele é o homem mais hipócrita que já vi".

Ela disse: "Você precisa fazer isso! Meu coração vai

se partir se essas reuniões terminarem sem que ele se converta". Ela insistiu em trazê-lo, e quase me cansei de vê-lo. Mas, perto do final de nossos trinta dias de reuniões, ele veio até mim e colocou sua mão trêmula em meu ombro.

O local onde as reuniões eram realizadas era bastante frio, com uma sala adjacente onde apenas o gás havia sido aceso. Ele me disse: "Você não pode entrar aqui por alguns minutos?" Achei que ele estava tremendo de frio, e eu não queria ir para um lugar mais frio. Mas ele disse: "Sou o pior homem do estado de Vermont. Quero que você ore por mim".

Achei que ele devia ter cometido um assassinato ou algum outro crime terrível, e perguntei: "Há algum pecado que o incomoda particularmente?"

Ele respondeu: "Minha vida inteira tem sido um pecado. Tenho sido um fariseu presunçoso e hipócrita. Quero que você ore por mim". Ele estava profundamente convencido. O homem não poderia ter produzido esse resultado, mas o *Espírito* o fez. Por volta das duas horas da manhã, a luz irrompeu em sua alma. Ele subiu e desceu as ruas comerciais da cidade e contou o que Deus havia feito por ele. Desde então, ele tem sido um cristão muito ativo.

Há outras quatro passagens que tratam de pessoas que fazem perguntas e que foram usadas pelo próprio Jesus. *Na verdade, na verdade te digo que aquele que não nascer de novo não pode ver o reino de Deus.* (João 3:3).

Em Lucas 13:3, lemos: *Se não vos arrependerdes, todos de igual modo perecereis.*

Em Mateus 18, quando os discípulos foram até Jesus

para saber quem seria o maior no reino dos céus, Ele pegou uma criancinha, colocou-a no meio e disse: *Em verdade vos digo que, se não vos converterdes e não vos fizerdes como meninos, de modo algum entrareis no reino dos céus.* (Mateus 18:3).

Há outro "a menos que" importante em Mateus 5:20: *Porque vos digo que, se a vossa justiça não exceder a dos escribas e fariseus, de modo nenhum entrareis no reino dos céus.*

Uma pessoa precisa estar "apta" ou pronta antes de querer entrar no reino de Deus. Ao considerar a história do Filho Pródigo, prefiro entrar no Reino com o irmão mais novo a ficar fora com o mais velho, *que se irou e não quis entrar* (Lucas 15:28). O céu seria um inferno para uma pessoa como essa. Um irmão mais velho, que não pudesse se alegrar com o retorno de seu irmão mais novo não estaria apto para o reino de Deus. É uma coisa solene de se contemplar, mas a cortina cai e o deixa do lado de fora com o irmão mais novo do lado de dentro. Para o irmão mais velho, a linguagem do Salvador em outras circunstâncias parece apropriada: *Em verdade vos digo que os publicanos e as meretrizes entram adiante de vós no reino de Deus.* (Mateus 21:31).

Certa vez, uma senhora me procurou para pedir um favor para sua filha. Ela disse: "Lembre-se de que não concordo com você em sua doutrina".

Perguntei: "Qual é a sua discordância?"

Ela disse: "Acho que seu abuso do irmão mais velho é horrível. Acho que ele tem um caráter nobre".

Eu disse que estava disposto a ouvi-la defendê-lo, mas que era uma coisa solene assumir tal posição, e que o irmão mais velho precisava ser convertido tanto quanto o mais novo. Quando as pessoas falam em ser morais, é bom fazê-las dar uma boa olhada no velho que implora ao seu filho que não quer entrar.

Atitude do Publicano

Mas vamos passar agora para o outro grupo com o qual temos de lidar. É formado por aqueles convencidos do pecado, dos quais surge o clamor como do carcereiro de Filipos: *Que devo fazer para me salvar?* (Atos 16:30). Para aqueles que proferem esse grito penitencial, não há necessidade de administrar a lei. Eles já sabem que são pecadores. É bom levá-los diretamente às Escrituras: *Crê no Senhor Jesus Cristo e serás salvo, tu e a tua casa* (Atos 16:31). Muitos o receberão com uma carranca e dirão: "Não sei o que é crer" e, embora a lei do céu declare que eles devem crer para serem salvos, ainda assim pedem algo além disso. Querem que lhes digamos o que, onde e como acreditar.

Em João 3:35-36, lemos: *O Pai ama o Filho e todas as coisas entregou nas suas mãos. Aquele que crê no Filho tem a vida eterna, mas aquele que não crê no Filho não verá a vida; porém a ira de Deus sobre ele permanece.* Isso me parece razoável. O homem perdeu a vida pela incredulidade - por não acreditar na palavra de Deus; nós recuperamos a vida por acreditar - por acreditar na palavra de Deus. Em outras palavras, nós nos levantamos onde Adão caiu. Ele tropeçou e caiu sobre a pedra da incredulidade; nós somos levantados e ficamos de pé por acreditarmos.

Quando as pessoas disserem que não podem acreditar,

mostre a elas o capítulo e o versículo e as mantenha firmes nesse ponto: "Deus já quebrou Sua promessa durante esses seis mil anos?" O diabo e os homens têm tentado o tempo todo sem conseguir provar que Ele quebrou uma única promessa. Haveria um jubileu no inferno hoje se uma única palavra que Ele tenha dito pudesse ser quebrada. Se um homem disser que não pode crer, é bom questioná-lo sobre isso.

Hoje, posso acreditar mais em Deus do que em meu próprio coração. *Enganoso é o coração, mais do que todas as coisas, e perverso; quem o conhecerá?* (Jeremias 17:9). Posso acreditar em Deus melhor do que em mim mesmo. Se você quiser conhecer o caminho da vida, acredite que Jesus Cristo é o seu Salvador pessoal. Deixe de lado todas as doutrinas e credos e vá direto ao coração do Filho de Deus. Se você tem se alimentado de doutrina seca, sabe que não há muito crescimento com esse tipo de alimento. As doutrinas são para a alma o que as ruas que levam à casa de um amigo que me convidou para jantar são para o corpo. Elas me levarão até lá se eu tomar o caminho certo, mas se eu permanecer nas ruas, minha fome nunca será saciada. Alimentar-se de doutrinas é como tentar viver de cascas secas; a alma que não participa do Pão enviado do céu permanecerá magra.

Alguns perguntam: "Como posso aquecer meu coração?" É por meio da crença. Você não recebe poder para amar e servir a Deus até que creia.

O apóstolo João diz:

Se recebemos o testemunho dos homens,

*o testemunho de Deus é maior; porque o
testemunho de Deus é este, que de seu Filho
testificou. Aquele que crê no Filho de Deus
tem o testemunho em si mesmo; aquele que
não crê em Deus o fez mentiroso, porque
não creu no testemunho que Deus de seu
Filho deu. E o testemunho é este: que Deus
nos deu a vida eterna, e esta vida está em
seu Filho. Quem tem o Filho tem a vida;
quem não tem o Filho de Deus não tem a
vida* (1 João 5:9-12).

Os assuntos humanos ficariam paralisados se não
déssemos ouvidos ao testemunho dos homens. Como
poderíamos continuar nos afazeres comuns da vida e
como os negócios se desenvolveriam se desconsiderássemos o testemunho dos homens? As coisas sociais
e comerciais ficariam paralisadas em quarenta e oito
horas! Essa é a direção do argumento do apóstolo aqui.
*Se recebermos o testemunho dos homens, o testemunho
de Deus é maior.* Deus deu testemunho de Jesus Cristo,
e se o homem pode acreditar em seus semelhantes, que
frequentemente dizem inverdades e que constantemente
consideramos infiéis, por que não deveríamos acreditar
na palavra de Deus e em Seu testemunho?

A fé é uma crença no testemunho. Não é um salto
no escuro, como alguns nos dizem. Isso não seria fé
alguma. Deus não pede a ninguém que acredite sem
lhe dar algo em que acreditar. Você poderia pedir a
um homem que visse sem olhos, ouvisse sem ouvidos

e andasse sem pés, como pedir-lhe que acreditasse sem lhe dar algo em que acreditar.

Quando parti para a Califórnia, obtive um guia. Ele me dizia que, depois de deixar o estado de Illinois, eu cruzaria o rio Mississippi e depois o Missouri. Em seguida, iria para Nebraska, cruzaria as Montanhas Rochosas até o assentamento mórmon em Salt Lake City e viajaria pelo caminho das Montanhas de Sierra Nevada até São Francisco. Achei que o guia estava correto à medida que avançava e teria sido um cético miserável se, depois de provar que ele estava correto em três quartos do caminho, eu tivesse dito que não acreditaria nele pelo resto da viagem.

Suponhamos que um homem, ao me encaminhar para a agência dos correios, me fale sobre dez pontos de referência que eu veria no caminho e, quando me dirijo para lá, descubro que nove deles são como ele me disse. Eu teria então um bom motivo para acreditar que estava perto da agência dos correios.

Se, ao crer, eu recebo uma nova vida com esperança, paz, alegria e descanso para minha alma como nunca tive antes; se ganho domínio próprio e descubro que tenho poder para resistir ao mal e fazer o bem, tenho uma boa prova de que estou no caminho certo para *a cidade que tem fundamentos, da qual o artífice e construtor é Deus* (Hebreus 11:10).

Se as coisas aconteceram e estão acontecendo agora, conforme registrado na Palavra de Deus, tenho boas razões para concluir que as promessas e profecias que ainda restam serão cumpridas. No entanto, as pessoas duvidam. Não pode haver fé verdadeira onde há medo.

Fé é aceitar Deus em Sua palavra, incondicionalmente. Não pode haver paz verdadeira onde há medo. *O perfeito amor lança fora o medo* (1 João 4:18). Como uma esposa seria infeliz se duvidasse de seu marido, e como uma mãe se sentiria infeliz se, depois que seu filho saísse de casa, ela tivesse motivos para questionar a devoção do filho apenas porque ele raramente entrava em contato com ela! O verdadeiro amor nunca tem dúvidas.

Há três coisas indispensáveis à fé: conhecimento, concordância e apropriação (fazer uso pessoal da fé como se fosse sua).

Precisamos conhecer Deus. *E a vida eterna é esta: que te conheçam a ti, o único Deus verdadeiro, e a Jesus Cristo, a quem enviaste* (João 17:3). Então, não devemos apenas dar nosso consentimento ao que sabemos, mas devemos nos apegar à verdade. Uma pessoa não será salva simplesmente por concordar com o plano de salvação; ela também deve aceitar Cristo como seu Salvador. Ela deve recebê-Lo e apropriar-se Dele - tomá-Lo como seu - confiar pessoalmente Nele.

Algumas pessoas dizem que não podem dizer como a vida de uma pessoa pode ser afetada pelo que ela acredita. Mas se alguém gritar que um prédio no qual estamos sentados está pegando fogo, veja como agimos rapidamente de acordo com nossa crença e saímos de lá. Somos influenciados pelo que acreditamos o tempo todo. Não podemos evitar isso. Se você acreditar no registro que Deus deu de Cristo, isso afetará rapidamente toda a sua vida.

Se você acreditar no registro que Deus deu de Cristo, isso afetará rapidamente toda a sua vida. Ele não deixa espaço nem mesmo para a sombra de uma dúvida. *Na verdade, na verdade vos digo que quem ouve a minha palavra e crê naquele que me enviou tem a vida eterna e não entrará em condenação, mas passou da morte para a vida.*

Agora, se uma pessoa realmente ouvir a palavra de Jesus, crer de coração em Deus (que enviou Seu Filho para ser o Salvador do mundo), tomar posse e se apropriar dessa grande salvação, ela não terá medo do julgamento. Ela não aguardará com temor o grande trono branco, pois lemos em 1 João 4:17: *Nisto é perfeito o amor para conosco, para que no dia do juízo tenhamos confiança; porque, qual ele é, somos nós também neste mundo.* Se crermos, não haverá condenação nem julgamento para nós. Isso ficou para trás e passou; teremos ousadia no dia do julgamento.

Lembro-me de ter lido sobre um homem que estava sendo julgado por sua vida. Ele tinha amigos influentes e eles conseguiram um perdão do rei para ele, com a condição de que ele passasse pelo julgamento e fosse condenado. Ele foi ao tribunal com o perdão em seu bolso. Os ânimos se exaltaram contra ele, e o juiz disse que a corte estava chocada com o fato de ele parecer tão despreocupado. Mas quando a sentença foi proferida, o homem tirou o perdão do bolso, apresentou-o e saiu como um homem livre. Ele havia sido perdoado, e nós também fomos perdoados. Que venha a morte, pois não temos nada a temer. Todos os coveiros do mundo não podem cavar uma sepultura grande e profunda o suficiente para abrigar a vida eterna. Todos os fabricantes de caixões do mundo não podem fazer um caixão grande e apertado o suficiente para abrigar a vida eterna. A morte colocou a mão em Cristo uma vez, mas nunca mais.

Jesus disse: *Eu sou a ressurreição e a vida; quem crê em mim, ainda que esteja morto, viverá; e todo aquele que vive e crê em mim nunca morrerá* (João 11:25-26). No livro de Apocalipse, lemos que o Salvador ressuscitado disse a João, Eu sou *o que vivo; fui morto, mas eis aqui estou vivo para todo o sempre* (Apocalipse 1:18). A morte não pode tocá-Lo novamente.

Recebemos a vida por acreditarmos. De fato, recebemos mais do que Adão perdeu, pois o filho de Deus redimido é herdeiro de uma herança mais rica e gloriosa do que Adão no jardim do Éden jamais poderia ter concebido e, sim, essa herança dura para sempre. Ela é absoluta e não pode ser retirada.

Eu preferiria muito mais ter minha vida escondida com Cristo em Deus do que viver no jardim do Éden. Mesmo que Adão estivesse lá dez mil anos antes de pecar e cair, ele ainda teria que deixar o jardim. Em Cristo Jesus, estamos seguros para sempre. O crente está mais seguro do que Adão, se essas coisas se tornarem reais para ele. Vamos torná-las um fato e não uma ficção. Deus disse isso; isso é suficiente. Deus disse isso; isso é suficiente. Que a mesma confiança que havia na pequena Maggie nos anime, conforme relatado no seguinte incidente simples, mas comovente, que li no *Bible Treasury*:

Eu havia me ausentado de casa por alguns dias e, ao me aproximar novamente da fazenda, fiquei imaginando se minha pequena Maggie, com idade suficiente para se sentar sozinha, se lembraria de mim. Para testar sua memória, coloquei-me em um lugar onde pudesse vê-la, mas ela não pudesse me ver, e chamei seu nome no tom familiar: "Maggie!" Ela largou seus brinquedos, olhou ao redor da sala e depois olhou para seus brinquedos. Novamente repeti seu nome: "Maggie!" Ela olhou mais uma vez ao redor da sala, mas não viu o rosto do pai, ficou muito triste e lentamente voltou a brincar com seus brinquedos. Mais uma vez eu chamei "Maggie!". Ela largou os brinquedos e começou a chorar, enquanto estendia os braços na direção de onde vinha o som. Ela sabia que, embora não pudesse me ver, eu devia estar lá, pois ela conhecia minha voz.

Agora, temos o poder de ver e ouvir, e temos o poder de acreditar. É tolice que os que duvidam afirmarem que não podem acreditar. Eles podem, se quiserem. Mas o problema com a maioria das pessoas é que elas associaram sentimento com crença. O sentimento não tem nada a ver com a crença. A Bíblia não diz que "aquele que sente" ou "aquele que sente e crê" tem vida eterna. Nada disso. Jesus disse: *Aquele que crê em mim tem a vida eterna* (João 6:47). Não consigo controlar meus sentimentos. Se eu pudesse, nunca me sentiria mal, nem teria dor de cabeça ou dor de dente. Eu estaria bem o tempo todo. Mas posso acreditar em Deus; se colocarmos nossos pés nessa rocha, deixemos as dúvidas e os medos virem e as ondas se erguerem ao nosso redor — a âncora se manterá.

Algumas pessoas estão olhando para sua fé o tempo todo. A fé é a mão que recebe a bênção. Ouvi a ilustração de um mendigo. Suponha que você encontrasse um homem na rua de quem você soubesse há anos que era um mendigo. Suponha que você lhe oferecesse algum dinheiro e ele dissesse: "Obrigado, mas não quero o seu dinheiro. Eu não sou um mendigo".

"Como é isso?"

"Ontem à noite um homem colocou mil dólares em minhas mãos."

"Ele colocou! Como você sabia que era dinheiro real?"

" Levei-o ao banco, depositei-o e recebi uma caderneta bancária."

"Como você conseguiu esse presente?"

"Pedi esmola e, depois que o senhor conversou comigo, ele tirou mil dólares em dinheiro e colocou em minha mão."

"Como você sabe que ele colocou na mão correta?"

"O que me importa em qual mão ele colocou o dinheiro, só para que eu receba o dinheiro?"

Muitas pessoas estão sempre se perguntando se a fé pela qual recebem Cristo é do tipo certo, mas o que é muito mais essencial é ter certeza de que temos o tipo certo de Cristo.

A fé é o olho da alma, e quem jamais pensaria em tirar um olho para ver se é do tipo certo, desde que a visão seja perfeita? Não é o meu gosto, mas é o que eu provo que satisfaz meu apetite. Portanto, queridos amigos, o fato de aceitarmos Deus em Sua Palavra é o meio de nossa salvação. A verdade não pode ser muito simples.

Um homem que mora na cidade de Nova York tem uma casa às margens do rio Hudson. Sua filha e a família dela foram passar o inverno com ele e, durante a temporada, surgiu a escarlatina. Uma menina foi colocada em quarentena para ser mantida separada das demais. Todas as manhãs, o velho avô costumava dizer ao neto: "Adeus", antes de ir para seu trabalho. Em uma dessas ocasiões, a pequena coisa pegou o velho pela mão e o levou para um canto da sala. Sem dizer uma palavra, ela apontou para o chão, onde havia colocado algumas bolachas pequenas, que diziam: "Vovô, eu quero uma caixa de tintas". Ele não disse nada. Ao voltar para casa, ele pendurou o sobretudo e foi para o quarto como de costume. Seu netinho, sem olhar para ver se seu desejo havia sido atendido, levou-o até o mesmo canto. Lá ele viu, escrito da mesma maneira: "Vovô, eu lhe agradeço pela caixa de tintas". O velho não teria deixado de agradar a criança por nada. Isso era fé.

Fé é acreditar na palavra de Deus, e as pessoas que querem algum sinal estão sempre se metendo em problemas. Se Deus diz isso, vamos acreditar.

Mas alguns dizem que a fé é um dom de Deus. O ar também é, mas você tem de respirá-lo. Assim como o pão, mas você precisa comê-lo. Assim como a água, mas você precisa bebê-la. Alguns querem um tipo de sentimento milagroso. Isso não é fé. *De sorte que a fé é pelo ouvir, e o ouvir pela palavra de Deus.* (Romanos 10:17). É daí que vem a fé. Não cabe a mim sentar e esperar que a fé venha deslizando sobre mim com uma sensação estranha; cabe a mim acreditar na palavra de Deus. Você não pode acreditar a menos que tenha algo em que acreditar. Aceite a Palavra como ela está escrita e aproprie-se dela. Reivindique-a como sua e se apegue a ela.

Em João 6:47-48, lemos: *Na verdade, na verdade vos digo que aquele que crê em mim tem a vida eterna. Eu sou o pão da vida.* O pão está próximo. Coma-o. Eu poderia ter milhares de pães em minha casa e milhares de pessoas famintas esperando para receber um pão. Elas poderiam concordar com o fato de que o pão estava ali, mas a menos que cada uma pegasse um pão e começasse a comer, sua fome não seria saciada. Assim, Cristo é o pão do céu e, assim como o corpo se alimenta do alimento natural, a alma deve se alimentar de Cristo.

Se um homem que está se afogando vê uma corda lançada para resgatá-lo, ele deve agarrá-la; para isso, deve largar todo o resto. Se um homem estiver doente, ele deve tomar o remédio, pois simplesmente olhar para ele não o curará. O conhecimento de Cristo não ajudará o incrédulo a menos que ele creia Nele e O receba como sua única esperança. Os israelitas mordidos poderiam ter acreditado que a serpente havia sido levantada, mas se não tivessem olhado, não teriam sobrevivido (Números 21:6-9).

Acredito que um determinado transatlântico me levará para o outro lado do oceano, porque o experimentei; mas isso não ajudará outro homem que queira ir, a menos que ele aja de acordo com meu conhecimento. Portanto, o conhecimento de Cristo não nos ajuda a menos que ajamos de acordo com ele. Isso é o que significa crer no Senhor Jesus Cristo. É agir de acordo com o que acreditamos. Assim como alguém embarca em um navio para cruzar o Atlântico, devemos aceitar Cristo e fazer um compromisso de nossa alma com Ele. Ele prometeu manter em segurança todos os que confiam Nele. Crer no Senhor Jesus Cristo é simplesmente acreditar em Sua palavra.

Palavras de Conselho

Não quebrará a cana trilhada (Isaías 42:3;
Mateus 12:20).

É perigoso para aqueles que estão buscando a salvação se apoiarem na experiência de outras pessoas e não experimentarem a salvação por si mesmos. Muitos estão esperando uma repetição da experiência de seu avô ou avó. Tive um amigo que se converteu em um campo e acha que a cidade inteira deveria ir até aquele prado e se converter. Outro se converteu debaixo de uma ponte e acha que se qualquer pessoa que duvide fosse até lá, encontraria o Senhor. A melhor coisa para os ansiosos é ir direto à Palavra de Deus. Se existem pessoas no mundo para quem a Palavra deve ser muito preciosa, são aquelas que estão perguntando como ser salvas.

Por exemplo, um homem pode dizer: "Não tenho forças". Que ele se volte para Romanos 5:6: *Porque*

Cristo, estando nós ainda fracos, morreu a seu tempo pelos ímpios. É porque não temos força que precisamos de Cristo. Ele veio para dar força aos fracos.

Outra pessoa pode dizer: "Não estou vendo". Cristo diz: *EU SOU a luz do mundo* (João 8:12). Ele não veio apenas para dar luz, mas para *abrir os olhos aos cegos* (Isaías 42:7).

Outro pode dizer: "Não acho que uma pessoa possa ser salva de uma vez". Uma pessoa com esse ponto de vista estava na sala de consulta certa noite, e chamei sua atenção para Romanos 6:23: *Porque o salário do pecado é a morte, mas o dom gratuito de Deus é a vida eterna em Cristo Jesus, nosso Senhor*. Quanto tempo é necessário para aceitar um presente? Deve haver um momento em que você não o tem e outro em que o tem — um momento em que ele é de outra pessoa e outro em que é seu. Não são necessários seis meses para obter a vida eterna. No entanto, pode ser como a semente de mostarda, muito pequena no início. Algumas pessoas se convertem tão gradualmente que, assim como a luz da manhã, é impossível dizer quando o amanhecer começou; enquanto que, para outras, é como o clarão de um meteoro e a verdade irrompe sobre elas repentinamente. Eu não atravessaria a rua para provar quando me converti, mas o importante é saber que realmente me converti.

Uma criança pode ser tão cuidadosamente treinada que é impossível dizer quando o novo nascimento começou, mas deve ter havido um momento em que a mudança ocorreu e ela se tornou participante da natureza divina.

Algumas pessoas não acreditam em conversão repentina, mas eu desafio qualquer pessoa a mostrar uma conversão no Novo Testamento que não tenha sido instantânea. *E Jesus, passando adiante dali, viu um homem assentado na recebedoria, chamado Mateus, e disse-lhe: Segue-me! E, levantando-se, o seguiu* (Mateus 9:9). Nada poderia ser mais repentino do que isso.

Zaqueu, o publicano, procurou ver Jesus e, como era de baixa estatura, subiu em uma árvore. *E, quando Jesus chegou àquele lugar, olhando para cima, viu-o e disse-lhe: Zaqueu, desce depressa* (Lucas 19:5). Sua conversão deve ter ocorrido em algum lugar entre o galho e o chão. Dizemos que ele recebeu Jesus com alegria e disse: *Senhor, eis que eu dou aos pobres metade dos meus bens; e, se em alguma coisa tenho defraudado alguém, o restituo quadruplicado* (Lucas 19:8). Pouquíssimos, em nossos dias, poderiam dizer algo assim como prova de sua conversão.

Toda a casa de Cornélio se converteu repentinamente. Pedro pregou Cristo a ele e aos que estavam com ele; o Espírito Santo desceu sobre eles, e eles foram batizados (Atos 10).

No dia de Pentecostes, três mil pessoas receberam a Palavra de bom grado. Eles não apenas se converteram, mas foram batizados no mesmo dia (Atos 2).

Enquanto Filipe falava com o eunuco no caminho, o eunuco disse a Filipe: *Veja! Eis aqui água! O que impede que eu seja batizado?* Filipe disse: *É lícito, se crês de todo o coração.* Eles desceram à água, e o homem, que tinha grande autoridade sob Candace, a rainha dos etíopes, foi batizado e seguiu seu caminho, regozijando-se (Atos 8:26-38). Você verá, em todas as Escrituras, que as conversões eram repentinas e instantâneas.

Suponha que um homem tenha o hábito de roubar dinheiro de seu patrão. Se ele roubou US$ 1.000

este ano, devemos dizer a ele para roubar apenas US$ 500 no ano seguinte, e menos no ano seguinte e no seguinte, até que em cinco anos a soma roubada seja de apenas US$ 50? Essa abordagem seria baseada no mesmo princípio da conversão gradual.

Se essa pessoa fosse levada ao tribunal e perdoada por não poder mudar sua vida de crimes de uma só vez, isso seria considerado um procedimento muito estranho. A Bíblia diz: *Aquele que furtava não furte mais* (Efésios 4:28). É uma reviravolta, uma completa inversão de direção! Suponhamos que uma pessoa tenha o hábito de xingar cem vezes por dia. Devemos aconselhá-lo a não xingar mais de noventa vezes no dia seguinte e oitenta no dia seguinte, para que, com o tempo, ele se livre do hábito? O Salvador diz: *de maneira nenhuma jureis* (Mateus 5:34).

Suponhamos que outro homem tenha o hábito de se embriagar e bater na esposa duas vezes por mês. Se ele batesse nela apenas uma vez por mês e depois apenas uma vez a cada seis meses, isso seria tão razoável quanto uma conversão gradual. Suponhamos que Ananias tenha sido enviado a Paulo, que estava a caminho de Damasco, ameaçando matar os discípulos e lançá-los na prisão. Ananias lhe diria para não matar tantos quanto pretendia ou para deixar o ódio morrer de seu coração gradualmente, mas não de uma só vez? Suponhamos que Paulo tivesse sido instruído a não parar de proferir ameaças de matança ou a não pregar Cristo imediatamente, porque os filósofos diriam que a mudança foi tão repentina que não se sustentaria. Esse seria o mesmo tipo de raciocínio usado por aqueles que não acreditam na conversão instantânea.

Em seguida, outro grupo dirá que tem medo de que os novos crentes não permaneçam firmes - que possam se afastar de Jesus. Esse grupo é numeroso e muito esperançoso. Gosto de ver um homem desconfiar de si mesmo. É bom que essas pessoas olhem para Deus e se lembrem de que não são elas que seguram Deus, mas Deus as segura. Alguns querem receber Cristo, mas o importante é que Cristo o receba em resposta à oração. Deixe que as pessoas nessa situação leiam o Salmo 121:

Levantarei os meus olhos para os montes,
de onde vem o meu socorro.

O meu socorro vem do Senhor, que fez o céu
e a terra.

Ele não deixará vacilar o teu pé; não dor-
mitará aquele que te guarda.

Eis que não dormitará nem dormirá o
guarda de Israel.

O Senhor é quem te guarda; o Senhor é a
tua sombra à tua direita.

O sol não te ferirá de dia nem a lua de
noite.

O Senhor te guardará de todo o mal; guar-
dará a tua alma.

O Senhor guardará a tua entrada e a tua
saída, desde agora e para sempre.

Alguém chamou isso de salmo do viajante. É um belo salmo para nós que somos peregrinos neste mundo, e é um salmo com o qual devemos estar bem familiarizados.

Deus pode fazer o que já fez antes. Ele manteve José no Egito, Moisés diante do Faraó, Daniel na Babilônia e permitiu que Elias se apresentasse diante de Acabe naquele dia tenebroso. Sou muito grato por eles serem homens *sujeitos às mesmas paixões que nós.* (Tiago 5:17). Foi Deus quem os tornou tão grandes. O que precisamos fazer é olhar para Deus. A verdadeira fé é a fraqueza do homem, apoiando-se na força de Deus. Quando o homem não tem força, ele pode se apoiar em Deus e se tornar poderoso. O problema é que temos muita força e confiança em nós mesmos.

Hebreus 6:17-20 transmite uma mensagem semelhante:

> *Assim também Deus, querendo mostrar mais abundantemente aos herdeiros da promessa a imutabilidade do seu conselho, se interpôs com juramento, para que por duas coisas imutáveis, nas quais é impossível que Deus minta, tenhamos a firme consolação, nós, os que pomos o nosso refúgio em reter a esperança proposta. A qual temos como âncora da alma, segura e firme, e que penetra até ao interior do véu, onde Jesus, nosso precursor, entrou por nós, feito sumo sacerdote para sempre, segundo a ordem de Melquisedeque.*

Esses são versículos preciosos para aqueles que têm medo de cair, que temem não conseguir resistir. A obra de Deus é segurar. O trabalho do pastor é guardar as ovelhas. Quem já ouviu falar de uma ovelha que vá trazer o pastor de volta? As pessoas têm a ideia de que precisam guardar a si mesmas e a Cristo também. Essa é uma ideia falsa. O trabalho do Bom Pastor é cuidar de Suas ovelhas e cuidar dos que confiam Nele. Ele prometeu fazer isso. Certa vez, ouvi dizer que quando um capitão do mar estava morrendo, ele disse: "Glória a Deus; a âncora se mantém". Ele confiava em Cristo. Sua âncora estava firmada na Rocha sólida. Um irlandês disse em uma ocasião que ele tremia, mas a Rocha nunca tremia. Queremos ter uma base segura.

Em 2 Timóteo 1:12, Paulo diz: *Porque eu sei em quem tenho crido e estou certo de que é poderoso para guardar o meu depósito até àquele dia*. Essa era a persuasão de Paulo.

Durante a última guerra da rebelião, quando um dos capelães estava passando pelos hospitais, ele encontrou um homem que estava morrendo. Descobrindo que ele era cristão, o capelão perguntou a que persuasão ou grupo religioso ele pertencia, e foi-lhe dito: "A persuasão de Paulo".

"Ele é metodista?", perguntou o capelão, pois todos os metodistas reivindicam Paulo.

"Não."

"Ele é presbiteriano?", pois os presbiterianos reivindicam Paulo de forma especial.

"Não", foi a resposta.

"Ele pertence à Igreja Episcopal?", pois todos os irmãos episcopais afirmam que têm direito ao apóstolo principal.

"Não", ele não era episcopal.

"Então, a que convicção ele pertence?"

"*Eu... estou convencido de que Ele é capaz de guardar o que Lhe confiei até aquele dia.*" É uma grande persuasão, e deu descanso ao soldado moribundo em uma hora de morte.

Que aqueles que temem não resistir se voltem para o versículo 24 da epístola de Judas: *Ora, àquele que é poderoso para vos guardar de tropeçar e apresentar-vos irrepreensíveis, com alegria, perante a sua glória.*

Em seguida, veja Isaías 41:10: *Não temas, porque eu sou contigo; não te assombres, porque eu sou teu Deus. Eu te fortaleço, e te ajudo, e te sustento com a destra da minha justiça.*

Então, veja o versículo 13: *Porque eu, o Senhor teu Deus, te tomo pela tua mão direita e te digo: Não temas; eu te ajudo.*

Agora, se Deus tem minha mão direita na Sua, Ele não pode me segurar, e me guardar? Deus não tem o poder de guardar? O grande Deus que fez o céu e a terra pode guardar um pobre pecador como você e eu, se confiarmos Nele. Deixar de confiar em Deus por medo de cair seria como um homem que recusasse o perdão por medo de ir para a prisão novamente ou como um homem que estivesse se afogando e se recusasse a ser resgatado porque tinha medo de cair na água novamente.

Muitas pessoas olham para a vida cristã, e temem que não tenham força suficiente para aguentar até o fim. Eles se esquecem da promessa de que *Os teus sapatos serão de ferro e de bronze; e, segundo os teus dias, assim será o teu descanso.* (Deuteronômio 33:25). Isso me faz lembrar do pêndulo do relógio que ficou desanimado com a ideia de ter que viajar tantos milhares de quilômetros, mas quando percebeu que a distância seria percorrida em "tique-taque, tique-taque, tique-taque", tomou coragem para continuar sua jornada diária. Assim, o cristão tem o privilégio especial de se entregar à guarda de seu Pai celestial e confiar nEle, dia após dia. É reconfortante saber que o Senhor não começará a boa obra sem também terminá-la (Filipenses 1:6).

Há dois tipos de céticos. Um tipo tem dificuldades honestas e procura respostas; o outro tipo se deleita apenas com discussões, mas não quer ouvir nem raciocinar. Eu costumava pensar que esse último tipo sempre seria um espinho em minha carne, mas agora eles não me incomodam. Agora espero encontrá-los ao longo da jornada. Homens com esse caráter costumavam ficar ao redor de Cristo para envolvê-Lo em Sua conversa. Eles vêm às nossas reuniões para discutir. Para eles, recomendo o conselho de Paulo a Timóteo: *Mas rejeita as questões loucas, e sem instrução, sabendo que produzem contendas* (2 Timóteo 2:23). Muitos jovens convertidos cometem um grande erro ao pensar que devem defender a Bíblia inteira. Eu sabia muito pouco sobre a Bíblia quando me converti pela primeira vez e pensei que teria de defendê-la do começo ao fim contra todos que viessem, mas um cético de Boston me confrontou, derrubou todos os meus argumentos de uma vez e me desanimou, mas agora já me recuperei disso. Não confesso que entendo muitas coisas da Palavra de Deus.

Quando me perguntam o que faço com elas, digo: "Não faço nada".

"Como você as explica?"

"Eu não as explico."

"O que você faz com elas?"

"Ora, eu acredito nelas."

E quando me dizem: "Eu não acreditaria em algo que não entendo", eu simplesmente respondo que acredito.

Há muitas coisas que eram obscuras e misteriosas para mim há cinco anos, sobre as quais fui esclarecido desde então. Espero descobrir coisas novas sobre Deus ao longo da eternidade. Faço questão de não discutir passagens controversas das Escrituras. Um velho pregador disse que algumas pessoas, se quiserem comer peixe, devem começar pegando as espinhas. Quanto a mim, deixo essas coisas para depois, até que eu possa vê-las claramente. Não sou obrigado a explicar o que não estou entendendo. *As coisas encobertas pertencem ao Senhor, nosso Deus, mas as reveladas nos pertencem a nós e a nossos filhos, para sempre, para que cumpramos todas as palavras desta lei* (Deuteronômio 29:29). Eu os tomo, como, e me alimento deles a fim de obter força espiritual.

Há um bom conselho em Tito 3:9: *Mas evade as questões loucas, e genealogias, e contendas, e debates acerca da lei, porque são coisas inúteis e vãs.*

Se encontro um cético honesto, lido com ele com a mesma ternura que uma mãe lidaria com seu filho doente. Não simpatizo com aquelas pessoas que, pelo fato de um homem ser cético, o rejeitam e não querem ter nada a ver com ele.

Há algum tempo, eu estava em uma consulta e levei um cético a uma senhora cristã que eu conhecia há algum tempo, achando que ela lidaria bem com o cético. Logo depois, ao olhar em volta, notei que a pessoa que estava fazendo a pergunta estava saindo da sala. Perguntei: "Por que você a deixou ir embora?"

"Ah, ela é cética!", foi a resposta. Corri até a porta e a detive. Apresentei-a a outro obreiro cristão que passou mais de uma hora conversando e orando com ela. Ele a visitou com o marido e, no decorrer de uma semana, aquela senhora inteligente abandonou o ceticismo e se tornou uma cristã ativa. Foi preciso tempo, tato e oração, mas se essa pessoa for honesta, devemos lidar com ela como o Mestre teria lidado conosco.

Aqui estão algumas passagens para quem está duvidando: *Se alguém quiser fazer a vontade dele, conhecerá se a doutrina é de Deus ou se eu falo de mim mesmo* (João 7:17). Se um homem não estiver disposto a fazer a vontade de Deus, ele não conhecerá a doutrina. Não há céticos que ignorem o fato de que Deus deseja que eles abandonem o pecado. Se uma pessoa estiver disposta a abandonar o pecado, aceitar a luz e agradecer a Deus pelo que Ele dá, sem esperar entender completamente toda a Bíblia de uma só vez, ela obterá mais luz, dia após dia, progredirá; passo a passo e será conduzida diretamente para fora das trevas e para a clara luz do céu.

Em Daniel 12:10, lemos: *Muitos serão purificados, embranquecidos e provados; mas os ímpios procederão impiamente, e nenhum dos ímpios entenderá, mas os sábios entenderão.* Deus nunca revelará Seus segredos aos Seus inimigos. Nunca! E se um homem persistir em viver em pecado, ele não conhecerá as doutrinas de Deus.

O segredo do Senhor é com aqueles que o temem; e Ele lhes mostrará a sua aliança (Salmos 25:14). Em João 15:15, lemos: *Já vos não chamo servos, porque o servo não sabe o que faz o seu senhor; mas tenho-vos chamado amigos, porque tudo quanto ouvi de meu Pai vos tenho feito conhecer.* Quando vocês se tornam amigos de Cristo, conhecerão Seus segredos. *E disse o Senhor: Ocultarei eu a Abraão o que faço?* (Gênesis 18:17).

Aqueles que se assemelham a Deus são os mais propensos a entendê-Lo. Se uma pessoa não estiver disposta a abandonar o pecado, ela não conhecerá a vontade de Deus, nem Deus lhe revelará Seus segredos. Mas se o homem estiver disposto a abandonar o pecado, ficará surpreso ao ver como a luz entrará!

Lembro-me de uma noite em que a Bíblia era o livro mais árido e sombrio do universo para mim. No dia seguinte, ela se tornou totalmente diferente. Eu achava que tinha a chave para ela. Eu havia nascido do Espírito. Mas antes de conhecer qualquer coisa da mente de Deus, tive de abandonar meu pecado. Acredito que Deus encontra todas as almas no ponto de entrega, quando elas estão dispostas a permitir que Ele as guie e conduza. O problema de muitos céticos é sua presunção. Eles acham que sabem mais do que o Todo-Poderoso e não vêm com um espírito ensinável. Mas, no momento em que uma pessoa se apresenta com um espírito receptivo, ela é abençoada. *E, se algum de vós tem falta de sabedoria, peça-a a Deus, que a todos dá liberalmente e não censura, e ser-lhe-á dada* (Tiago 1:5).

Capítulo 5

Um Salvador Divino

Tu és o Cristo, o Filho do Deus vivo
(Mateus 16:16; João 6:69).

U m grupo de céticos não acredita na divindade de Cristo. Muitas passagens lançam luz sobre esse assunto. Em 1 Coríntios 15:47 somos informados: *O primeiro homem, da terra, é terreno; o segundo homem, o Senhor, é do céu.*

Primeira João 5:20 diz: *E sabemos que já o Filho de Deus é vindo e nos deu entendimento para conhecermos o que é verdadeiro; e no que é verdadeiro estamos, isto é, em seu Filho Jesus Cristo. Esse é o verdadeiro Deus e a vida eterna.*

Leia João 17:3: *E a vida eterna é esta: que te conheçam a ti, o único Deus verdadeiro, e a Jesus Cristo, a quem enviaste.*

Em seguida, considere Marcos 14:60-64:

E, levantando-se o sumo sacerdote no meio, perguntou a Jesus, dizendo: Não respondes coisa alguma? Que é isto que estes depõem contra ti? Mas ele calou-se e nada respondeu. Tornou o sumo sacerdote a interrogá-lo e disse-lhe: És tu o Cristo, o Filho do Deus Bendito? E Jesus disse: Eu o sou, e vereis o Filho do Homem assentado à direita do poder e vindo com as nuvens do céu. E, rasgando as suas vestes, o sumo sacerdote disse: "Para que necessitamos de mais testemunhas? Vós ouvistes a blasfêmia; que vos parece? E todos o condenaram como réu de morte."

O que me levou a acreditar na divindade de Cristo foi o seguinte: Eu não sabia como categorizar ou descrever Cristo ou o que fazer com Ele, se Ele não fosse divino. Quando eu era menino, achava que Ele era um homem bom como Moisés, José ou Abraão. Cheguei até a pensar que Ele era o melhor homem que já havia vivido na Terra. Mas descobri que Cristo tinha uma pretensão maior. Ele afirmou ser homem e um com Deus, ser divino e ter vindo do céu. Ele disse: *Antes que Abraão existisse, eu sou* (João 8:58). Eu não conseguia entender isso e fui levado à conclusão - e desafio qualquer pessoa honesta a negar a inferência ou a responder ao argumento - de que Jesus Cristo ou é um impostor ou enganador, ou é o Deus-Homem - Deus manifesto na carne.

Aqui estão algumas razões pelas quais isso deve ser assim. O primeiro mandamento é: *Não terás outros deuses diante de mim* (Êxodo 20:3). Veja os milhões de pessoas em toda a cristandade que adoram Jesus Cristo como Deus. Se Jesus não é Deus, isso é idolatria. Todos nós seríamos culpados de violar o primeiro mandamento se Jesus Cristo fosse apenas um homem, um ser criado, e não o que Ele afirma ser.

Algumas pessoas que não admitem Sua divindade dizem que Ele foi o melhor homem que já viveu; mas se Ele não fosse divino, não deveria ser considerado um bom homem, porque Ele reivindicou uma honra e dignidade às quais essas mesmas pessoas declaram que Ele não tinha direito ou título. Isso o classificaria como um enganador.

Outros dizem que Ele pensava que era divino, mas que foi enganado, como se Jesus Cristo tivesse sido levado por uma ilusão e um engano e pensasse que ele era mais do que era! Eu não poderia conceber uma opinião mais baixa do que essa sobre Jesus Cristo. Isso não apenas O tornaria um impostor, mas também indicaria que Ele estava fora de Si e não sabia quem era ou de onde tinha vindo. Ora, se Jesus Cristo não era o que dizia ser - o Salvador do mundo - e se não veio do céu, Ele era um enganador flagrante.

Mas como alguém pode ler a vida de Jesus Cristo e fazer com que Ele seja um enganador? Um homem geralmente tem algum motivo para ser um impostor. Qual foi o motivo de Cristo? Ele sabia que o caminho que estava trilhando O levaria à cruz, que Seu nome seria considerado vil e que muitos de Seus seguidores seriam chamados a dar a vida por Ele. Quase todos os apóstolos se tornaram mártires e eram considerados lixo no meio do povo. Se um homem é um impostor, ele tem um motivo por trás de sua hipocrisia. Mas qual foi o motivo de Cristo? O relato é que Ele *andou fazendo o bem* (Atos 10:38). Isso não é obra de um impostor. Não deixe que o inimigo de sua alma o engane.

Em João 5:21-23, lemos:

> *Porque, assim como o Pai ressuscita os mortos e os vivifica, assim também o Filho vivifica aqueles que quer. Porque o Pai a ninguém julga, mas deu ao Filho todo o juízo, para que todos honrem o Filho como honram o Pai. Quem não honra o Filho não honra o Pai que o enviou.*

Segundo a lei judaica, se um homem fosse blasfemador, ele deveria ser morto; se Jesus Cristo fosse apenas um simples humano, então é claramente blasfêmia dizer: *Quem não honra o Filho não honra o Pai que o enviou.* Isso é uma verdadeira blasfêmia se Cristo não for divino. Se Moisés, Elias, Eliseu ou qualquer outro mortal tivesse dito: "Vocês devem me honrar como honram a Deus" e se colocado no mesmo nível de Deus, isso teria sido uma blasfêmia absoluta.

Os judeus condenaram Cristo à morte porque disseram que Ele não era o que dizia ser. Foi com base nesse testemunho que Ele foi condenado à morte. Foi com base nesse testemunho que Ele foi submetido a um juramento. O sumo sacerdote disse: "*Conjuro-te pelo Deus vivo que nos digas se és o Cristo, o Filho de Deus*" (Mateus 26:63). *Os judeus então o rodearam e lhe disseram: Até quando nos deixarás em suspense? Se és o Cristo, dize-nos abertamente.* Jesus respondeu: *Eu e o Pai somos um. Então os judeus pegaram pedras novamente para apedrejá-lo* (João 10:24, 30-31). Eles disseram que não queriam ouvir mais nada, pois isso era blasfêmia. Foi por ter declarado ser o Filho de Deus que Jesus foi condenado e levado à morte (Mateus 26:63-66).

Agora, se Jesus Cristo fosse apenas um mero homem, então os judeus agiram corretamente de acordo com a lei deles ao matá-Lo. Em Levítico 24:16 lemos: *Aquele que blasfemar o nome do SENHOR certamente será morto; toda a congregação certamente o apedrejará. Tanto o estrangeiro como o natural, quando blasfemar o Nome, será morto.* Essa lei os obrigava a condenar à morte todos os que blasfemassem. Foi a declaração de que Ele era divino que custou a vida de Jesus e, de acordo com a Lei Mosaica, Ele deveria ter sofrido a pena de morte. Em João 16:15, Jesus diz: *Tudo quanto o Pai tem é meu; por isso eu disse que há de receber do que é meu e vo-lo há de anunciar.* Como Ele poderia ser apenas um homem bom e usar uma linguagem como essa? Desde que me converti, nunca mais tive dúvidas a esse respeito. Certa vez, perguntaram a um notório pecador como ele poderia provar a divindade de Cristo. Sua resposta foi: "Ora, Ele me salvou; essa é uma prova muito boa, não é mesmo?"

Em certa ocasião, um incrédulo me disse: "Tenho estudado a vida de João Batista, Sr. Moody. Por que o senhor não prega mais sobre ele? Ele era um personagem maior do que Cristo. O senhor faria um trabalho maior".

Eu disse a ele: "Meu amigo, você prega João Batista, e eu o seguirei e pregarei Cristo, e veremos quem fará o maior bem".

"Você fará o maior bem", disse ele, 'porque as pessoas são muito supersticiosas'.

Ah! João foi decapitado, e seus discípulos imploraram por seu corpo e o enterraram, mas Cristo ressuscitou dos mortos. Subiste *ao alto, levaste cativo o cativeiro, recebeste dons para os homens.* (Salmo 68:18). Nosso Cristo vive. Muitas pessoas ainda não descobriram que Cristo ressuscitou da sepultura. Elas adoram um Salvador morto. Eles são como Maria, que disse: *"Levaram o meu Senhor, e não sei onde o puseram"* (João 20:13). Esse é o problema com aqueles que duvidam da divindade de nosso Senhor.

Então, dê uma olhada em Mateus 18:20: *Porque, onde estiverem dois ou três reunidos em meu nome, ali estou no meio deles.* Bem, se Jesus é apenas um homem, como Ele pode estar lá? Todas essas passagens são fortes. Novamente em Mateus 28:18: *E Jesus aproximou-se e falou-lhes, dizendo: Toda a autoridade me foi dada no céu e na terra.* Ele poderia ser um simples homem e falar dessa maneira? *Toda a autoridade me foi dada no céu e na terra.* Leia Mateus 28:20: *Ensinando-os a guardar todas as coisas que eu vos tenho mandado; e eis que eu estou convosco todos os dias, até a consumação dos séculos.* Se Ele fosse apenas um homem, como poderia estar conosco? E mesmo assim, Ele diz: *Eis que eu estou convosco todos os dias, até a consumação dos séculos.*

Agora veja Marcos 2:7-9:

> *Por que fala assim este homem? Ele blas-*
> *fema. Quem pode perdoar pecados, senão*
> *Deus? E Jesus, percebendo logo em seu espí-*
> *rito que assim arrazoavam entre si, disse-*
> *-lhes: "Por que arrazoais sobre estas coisas*
> *em vossos corações? Qual é mais fácil?*
> *Dizer ao paralítico: 'Perdoados são os teus*
> *pecados', ou dizer: 'Levanta-te, toma o teu*
> *leito e anda'?*

Alguns homens o encontrarão e dirão: "Eliseu também não ressuscitou os mortos?" Observe que nos raros casos em que os homens ressuscitaram os mortos, eles o fizeram pelo poder de Deus. Eles invocaram Deus para fazer isso. Mas quando Cristo estava na Terra, Ele não precisou invocar o Pai para trazer os mortos à vida. Quando Ele foi à casa de Jairo, disse: *Menina, a ti te digo: levanta-te* (Marcos 5:41).

Ele tinha poder para dar vida. Quando estavam levando o jovem para fora de Naim, Jesus teve compaixão da mãe viúva, aproximou-se e tocou o esquife, dizendo: *Jovem, a ti te digo: levanta-te* (Lucas 7:14). Ele falou, e os mortos se levantaram. E, tendo dito isso, clamou em alta voz: "*Lázaro, vem para fora!*" (João 11:43). Lázaro ouviu e se levantou. Alguém disse que foi bom o fato de Lázaro ter sido mencionado pelo nome, ou todos os mortos ao som da voz de Cristo teriam se levantado imediatamente.

Em João 5:25, Jesus diz: *Na verdade, na verdade vos*

digo que vem a hora, e agora é, em que os mortos ouvi-
rão a voz do Filho de Deus, e os que a ouvirem viverão.
Que blasfêmia teria sido essa se Ele não fosse divino!
A prova é esmagadora, se você apenas examinar a
Palavra de Deus.

E outra coisa: nenhum homem bom, exceto
Jesus Cristo, jamais permitiu que alguém o adorasse. Quando isso aconteceu, Jesus nunca repreendeu o adorador. Em João 9:38 lemos que, quando
o homem cego foi encontrado por Cristo, ele disse:
Senhor, eu creio. E ele o adorou. O Senhor não o
repreendeu.

Apocalipse 22:6-9 diz:

> *E disse-me: Estas palavras são fiéis e verda-*
> *deiras; e o Senhor, o Deus dos espíritos dos*
> *profetas, enviou o seu anjo para mostrar aos*
> *seus servos as coisas que em breve devem*
> *acontecer. Eis que venho sem demora. Bem-*
> *aventurado aquele que guarda as palavras*
> *da profecia deste livro. Eu, João, sou quem*
> *ouviu e viu estas coisas. E, quando as ouvi*
> *e vi, prostrei-me aos pés do anjo que me*
> *mostrava, para o adorar. Mas ele me disse:*
> *Olha, não faças tal; sou teu conservo e de*
> *teus irmãos, os profetas, e dos que guardam*
> *as palavras deste livro. Adora a Deus.*

Vemos aqui que nem mesmo esse anjo permitiu que João
o adorasse. Até mesmo um anjo do céu! E se Gabriel
desceu aqui da presença de Deus, seria pecado adorá-lo

ou a qualquer serafim ou querubim, ou a Miguel ou a qualquer arcanjo. *Adorar a Deus!* Se Jesus Cristo não fosse Deus manifestado na carne, seríamos culpados de idolatria ao adorá-Lo. Em Mateus 14:33, lemos: *E os que estavam no barco adoraram-no, dizendo: 'Verdadeiramente, és Filho de Deus!* Ele não os repreendeu. Em Mateus 8:2, lemos: *E aproximou-se dele um leproso que, rogando-lhe e pondo-se de joelhos, lhe dizia: "Senhor, se quiseres, podes tornar-me limpo."* Veja Mateus 15:25: *Mas ela veio e o adorou, dizendo: "Senhor, socorre-me!"*

Há muitas outras passagens, mas apresento estas como suficientes, em minha opinião, para provar a divindade de nosso Senhor sem qualquer dúvida.

Em Atos 14, somos informados de que os pagãos de Listra vieram com guirlandas e ofereceriam sacrifícios a Paulo e Barnabé por terem curado um coxo, mas os evangelistas rasgaram suas roupas e disseram a esses habitantes de Listra que eles eram apenas homens e não deveriam ser adorados, como se isso fosse um grande pecado. Se Jesus Cristo é um mero homem, todos nós somos culpados de um grande pecado ao adorá-Lo.

Mas se Ele é, como acreditamos, o Filho unigênito e bem-amado de Deus, vamos nos render às Suas reivindicações sobre nós. Descansemos em Sua obra expiatória e sigamos em frente para servi-Lo todos os dias de nossa vida.

Capítulo 6

Arrependimento e Restituição

Deus agora ordena a todos os homens, em
todo lugar, que se arrependam (Atos 17:30).

O arrependimento é uma das doutrinas fundamentais da Bíblia, mas acredito que seja uma das verdades que muitas pessoas não entendem muito bem hoje em dia. Atualmente, há mais pessoas na névoa e na escuridão sobre o arrependimento, a regeneração, a expiação e verdades básicas semelhantes do que sobre qualquer outra doutrina, embora tenhamos ouvido falar delas desde a infância. Se eu pedisse uma definição de arrependimento, muitos dariam uma explicação estranha e falsa sobre ele.

Uma pessoa não está preparada para acreditar ou receber o evangelho a menos que esteja pronta para se arrepender de seus pecados e se afastar deles. Até João Batista conhecer Cristo, ele tinha apenas um texto: *Arrependei-vos, porque é chegado o reino dos céus* (Mateus 3:2). Mas se ele tivesse continuado a dizer isso e parado por aí, sem apontar o povo para Cristo, o Cordeiro de Deus, ele não teria realizado muito.

Quando Cristo veio, Ele fez o mesmo clamor do deserto: *Arrependei-vos, porque é chegado o reino dos céus* (Mateus 4:17). Quando nosso Senhor enviou seus discípulos, foi com a mesma mensagem - *que os homens se arrependessem* (Marcos 6:12). Depois que Jesus foi glorificado e quando o Espírito Santo desceu, Pedro deu o mesmo grito no dia de Pentecostes: *Arrependei-vos*. Foi essa pregação — arrependam-se e creiam no evangelho — que trouxe resultados tão maravilhosos (Atos 2:38-47). Quando Paulo foi a Atenas, ele fez o mesmo clamor: Deus *anuncia agora a todos os homens, em todo lugar, que se arrependam* (Atos 17:30).

Antes de falar sobre o que é o arrependimento, deixe-me dizer brevemente o que ele não é.

O arrependimento não é medo. Muitas pessoas confundem as duas coisas. Elas acham que precisam ficar alarmadas ou aterrorizadas e esperam que algum tipo de medo caia sobre elas. Muitas pessoas ficam alarmadas, mas não se arrependem de fato. Às vezes, durante uma terrível tempestade, os homens no mar, que haviam sido muito profanos, de repente se aquietam-se e clamam a Deus por misericórdia quando surge o perigo. Mas não se pode dizer que eles se arrependeram, porque quando a tempestade passa, eles continuam jurando como antes. Você pode pensar que o rei do Egito se arrependeu quando Deus enviou as terríveis pragas sobre ele e sua terra, mas não foi arrependimento algum. No momento em que a mão de Deus foi removida, o coração de Faraó ficou mais duro do que nunca. Ele não se afastou de um único pecado; ele era o mesmo homem. Não houve arrependimento verdadeiro ali.

Muitas vezes, quando a morte chega a uma família, parece que o evento resultará na conversão de todos os que estão na casa, mas, em seis meses, tudo pode ter sido esquecido. Algumas pessoas que estão lendo este texto possivelmente já passaram por essa experiência. Quando a mão de Deus estava pesada sobre eles, parecia que iriam se arrepender, mas quando a provação foi removida, a impressão desapareceu.

O arrependimento não é um sentimento. Muitas pessoas esperam por um certo tipo de sentimento. Elas gostariam de se voltar para Deus, mas acham que não podem fazê-lo até que esse sentimento venha. Quando eu estava em Baltimore, pregava todos os domingos na penitenciária para novecentos condenados. Dificilmente havia um homem lá que não se sentisse miserável o suficiente; eles expressavam muito sentimento. Durante a primeira semana ou dez dias de sua prisão, muitos deles choravam a maior parte do tempo. Mas, quando foram libertados, a maioria voltou aos seus velhos hábitos. A verdade é que se sentiam muito mal por terem sido pegos; isso era tudo. Você já viu alguém, em um momento de dificuldade, demonstrar muito sentimento, mas muitas vezes é apenas porque se meteu em problemas - não porque se preocupa com o fato de ter cometido um pecado ou porque sua consciência lhe diz que fez algo ruim aos olhos de Deus. Parece que a provação resultaria em arrependimento verdadeiro, mas o sentimento muitas vezes desaparece.

O arrependimento não é jejuar e afligir o corpo. Uma pessoa pode jejuar por semanas, meses e anos, mas não se arrepender de um único pecado.

O arrependimento não é remorso. Judas teve um remorso terrível - o suficiente para levá-lo a se enforcar - mas isso não foi arrependimento. Acredito que, se ele tivesse ido até o Senhor, caído com o rosto em terra e confessado seu pecado, poderia ter sido perdoado. Em vez disso, ele procurou os sacerdotes e pôs fim à sua vida. Um homem pode fazer todo tipo de penitência, mas não há arrependimento verdadeiro nisso. Lembre-se disso. Você não pode atender às reivindicações de Deus oferecendo o fruto de seu corpo pelo pecado de sua alma. Acabe com essa ilusão!

O arrependimento não é a convicção do pecado. Isso pode parecer estranho para alguns. Já vi pessoas sob uma convicção tão profunda de pecado que não conseguiam dormir à noite. Não conseguiam fazer uma única refeição. Passaram meses nesse estado e, ainda assim, não se converteram. Elas não se arrependeram de fato. Não confunda convicção de pecado com arrependimento.

O arrependimento não é orar. Isso também pode parecer estranho. Muitas pessoas, quando ficam preocupadas com a salvação de sua alma, dizem: "Vou orar e ler a Bíblia". Elas acham que isso produzirá o efeito desejado, mas não o fará. Você pode ler a Bíblia e clamar muito a Deus e, ainda assim, nunca se arrepender. Muitas pessoas clamam muito a Deus, mas não se arrependem.

O arrependimento não é abster-se de algum pecado.
Muitas pessoas cometem esse erro. Um homem que tenha sido um bêbado pode fazer uma promessa de parar de beber. Abster-se de um pecado não é arrependimento. Abandonar um vício é como quebrar um galho de uma árvore quando a árvore inteira precisa ser derrubada. Um homem profano para de falar palavrões; isso é muito bom. Mas se ele não se afastar de todo pecado, isso não é arrependimento; não é a obra de Deus na alma. Quando Deus trabalha, Ele corta a árvore inteira. Ele quer que você se converta de todo pecado.

Suponhamos que eu esteja em um navio no mar e descubra que o navio está vazando em três ou quatro lugares. Posso ir e tapar um buraco, mas o navio continuará afundando. Ou suponhamos que eu seja ferido em três ou quatro lugares e consiga um remédio para um ferimento; se os outros dois ou três ferimentos forem negligenciados, minha vida logo desaparecerá. O verdadeiro arrependimento não é simplesmente abandonar este ou aquele pecado específico.

Bem, então, o que é arrependimento? Vou lhe dar uma boa definição: é "uma reviravolta ou inversão completa!" No idioma irlandês, a palavra *arrependimento* significa ainda mais do que "reto!". Isso implica que um homem que estava caminhando em uma direção não apenas deu meia-volta, mas na verdade está caminhando exatamente na direção oposta. *Convertei-vos, convertei-vos dos vossos maus caminhos! Pois por que razão morrereis?* (Ezequiel 33:11) Um homem pode ter pouco ou muito sentimento, mas se ele não se afastar do pecado, Deus não terá misericórdia dele.

O arrependimento também foi descrito como uma mudança de mente. Por exemplo, Cristo contou esta parábola: *Um homem tinha dois filhos. Chegando ao primeiro, disse: 'Filho, vai trabalhar hoje na vinha.' Ele, porém, respondendo, disse: 'Não quero'.* Depois de ter dito, *"não vou"*, ele pensou melhor e mudou de ideia. *Mas depois, arrependendo-se, foi* (Mateus 21:28-29). Talvez ele tenha dito a si mesmo: "Eu não falei com muito respeito com meu pai. Ele me pediu para ir trabalhar e eu lhe disse que não iria. Acho que estava errado". Mas suponhamos que ele tivesse dito apenas isso e ainda assim não tivesse ido; isso não seria arrependimento. Mas ele foi. Ele não apenas se convenceu de que estava errado, mas foi para a vinha e trabalhou. Essa é a definição de arrependimento dada por Cristo. Se um homem diz: "Pela graça de Deus, abandonarei meu pecado e farei Sua vontade", isso é arrependimento — uma mudança completa de direção.

Alguém disse que o homem nasce com o rosto voltado para longe de Deus. Quando ele realmente se arrepende, ele se volta para Deus; ele deixa sua vida antiga.

Uma pessoa pode se arrepender de uma vez? Certamente que sim. Não leva muito tempo para se converter. Um homem não precisa de seis meses para mudar de ideia. Há algum tempo, um navio afundou na costa de Newfoundland. Quando estava se dirigindo para a costa, o capitão poderia ter dado ordens para reverter os motores e voltar para trás. Se os motores tivessem sido invertidos naquele momento, o navio teria sido salvo. Mas houve um momento em que já era tarde demais. Portanto, creio que há um momento na vida de cada pessoa em que ela pode parar e dizer: "Pela graça de Deus, não irei mais em direção à morte e à ruína. Eu me arrependo de meus pecados e me afasto deles". Você pode dizer que não tem sentimento suficiente, mas se estiver convencido de que está no caminho errado, dê meia-volta e diga: "Não vou mais seguir o caminho da rebelião e do pecado como tenho feito".

Nesse momento, quando você estiver disposto a se voltar para Deus, a salvação poderá ser sua. Descobri que todos os casos de conversão registrados na Bíblia foram instantâneos. O arrependimento e a fé vieram de repente. No momento em que o homem se decidiu, Deus lhe deu o poder. Deus não pede a ninguém que faça o que não é capaz de fazer. Ele não ordenaria que *todos, em todo lugar, se arrependessem* se não fossem capazes de fazê-lo (Atos 17:30). Você não tem ninguém para culpar, a não ser você mesmo, se não se arrepender e não acreditar no evangelho.

Um dos principais ministros do evangelho em Ohio escreveu-me uma carta há algum tempo, descrevendo sua conversão. Ela ilustra bem esse ponto da decisão instantânea. Ele escreveu:

> Eu tinha dezenove anos de idade e estava estudando direito com um advogado cristão em Vermont. Certa tarde, quando ele estava fora de casa, sua boa esposa me disse, quando entrei na casa: "Quero que você vá à aula comigo hoje à noite e se torne um cristão para que possa realizar o culto familiar aqui enquanto meu marido estiver fora".

"Bem, eu farei isso", disse eu, sem pensar. Quando entrei em casa novamente, ela me perguntou se eu tinha sido sincero no que havia dito. Respondi: "Sim, no que diz respeito a ir à reunião com você; isso foi apenas por cortesia".

Fui com ela para a aula, como já havia feito muitas vezes antes. Cerca de uma dúzia de pessoas estavam presentes em uma pequena escola. O líder havia falado com todos na sala, exceto eu e mais dois. Ele estava falando com a pessoa ao meu lado, quando me ocorreu o pensamento: *Ele vai me perguntar se tenho algo a dizer.* Eu disse a mim mesmo: *"Decidi ser cristão algum dia. Por que não começar agora?"*

Em menos de um minuto após esses pensamentos terem passado por minha mente, ele disse, falando comigo familiarmente - pois me conhecia muito bem - "Irmão Charles, você tem algo a dizer?"

Respondi com perfeita frieza: "Sim, senhor. Acabei de decidir, nos últimos trinta segundos, que vou começar uma vida cristã e gostaria que o senhor orasse por mim".

Minha frieza o surpreendeu. Acho que ele quase duvidou de minha sinceridade. Ele disse muito pouco, mas passou adiante e falou com os outros dois. Depois de alguns comentários gerais, ele se virou para mim e disse: "Irmão Charles, você encerraria a reunião com uma oração?"

Ele sabia que eu nunca havia orado em público. Até aquele momento, eu não tinha nenhum sentimento. Tratava-se apenas de uma transação comercial. Meu primeiro pensamento foi que eu não poderia orar e pediria a ele que me desculpasse. Meu segundo pensamento foi que eu havia dito que começaria uma vida cristã, e isso faz parte dela. Então eu disse: "Vamos orar". E em algum momento entre o momento em que comecei a me ajoelhar e o momento em que meus joelhos tocaram o chão, o Senhor converteu minha alma.

As primeiras palavras que eu disse foram: "Glória a Deus!" O que eu disse depois disso eu não sei, e não importa, pois minha alma estava cheia demais para dizer qualquer coisa além de "Glória!" Daquela hora em diante, o diabo nunca mais ousou desafiar minha conversão. A Cristo seja todo o louvor.

Muitas pessoas estão esperando que algum tipo de sentimento milagroso venha sobre elas - algum tipo misterioso de fé. Eu estava conversando com um homem há alguns anos, e ele sempre tinha a mesma resposta para me dar. Durante cinco anos, tentei conquistá-lo para Cristo e, a cada ano, ele dizia: "Ainda não me tocou".

"Cara, o que você quer dizer com isso? O que ainda não o tocou?"

"Bem", disse ele, "não vou me tornar um cristão até que isso me toque, e ainda não me tocou. Não vejo as coisas da mesma forma que você as vê."

"Mas você não sabe que é um pecador?"

"Sim, eu sei que sou um pecador."

"Bem, você não sabe que Deus quer ter misericórdia de você — que há perdão com Deus? Ele quer que você se arrependa e venha a Ele."

"Sim, eu sei disso, mas ainda não me ocorreu."

Ele sempre recorria a isso. Pobre homem! Ele foi para o túmulo em um estado de indecisão. Sessenta longos anos que Deus lhe deu para se arrepender, e tudo o que ele tinha a dizer no final desses anos era que ainda não havia se arrependido.

Algum leitor está esperando por algum sentimento estranho? Em nenhum lugar da Bíblia se diz que uma pessoa deve esperar. Deus está ordenando que você se arrependa agora.

Você acha que Deus pode perdoar alguém que não quer ser perdoado? Ele ficaria feliz se Deus o perdoasse nesse estado de espírito? Se o seu filho cometeu um erro e não se arrepende, você não pode perdoá-lo. Estaria cometendo uma injustiça com ele. Suponha que ele vá até sua mesa, roube dez dólares e os esbanje. Quando você chega em casa, seu cônjuge lhe conta o que seu filho fez. Você pergunta se é verdade, e ele nega, mas finalmente você tem uma prova concreta. Mesmo quando ele descobre que não pode mais negar, ele não confessa o pecado, mas diz que o cometerá novamente na primeira oportunidade que tiver.

Você diria a ele: "Bem, eu o perdoo" e deixaria o assunto para lá? Não, há consequências reais para tudo o que fazemos, tanto aqui na Terra quanto no julgamento! No entanto, as pessoas dizem que Deus salvará todo mundo, quer se arrependa ou não — bêbados, ladrões, prostitutas, prostitutos, não faz diferença.

"Deus é tão misericordioso", dizem eles. Caro amigo, não se deixe enganar pelo deus deste mundo. Quando houver arrependimento verdadeiro e uma conversão do pecado a Deus, Ele o encontrará e o abençoará, mas Ele nunca abençoa até que haja arrependimento sincero.

Davi cometeu um erro lamentável nesse aspecto com seu filho rebelde Absalão. Ele não poderia ter cometido injustiça maior com o filho do que perdoá-lo quando seu coração não estava mudado. Não poderia haver uma reconciliação verdadeira entre eles se não houvesse arrependimento. Mas Deus não comete esses erros. Davi teve problemas por causa de seu erro de julgamento. Seu filho logo expulsou o pai do trono.

Falando sobre o arrependimento, o Dr. Brooks, de St. Louis, comenta:

> "O arrependimento, estritamente falando, significa uma mudança de mente ou propósito; consequentemente, é o julgamento que o pecador pronuncia sobre si mesmo

em vista do amor de Deus demonstrado na morte de Cristo, associado ao abandono de toda confiança em si mesmo e à confiança no único Salvador dos pecadores." O arrependimento salvador e a fé salvadora sempre andam juntos, e você não precisa se preocupar com o arrependimento se quiser crer.

Algumas pessoas não têm certeza de que se arrependeram o suficiente. Se você quer dizer com isso que precisa se arrepender para inclinar Deus a ser misericordioso com você, quanto mais cedo você se entregar a esse arrependimento, melhor. Deus já é misericordioso, como demonstrou plenamente na cruz do Calvário. É uma grave desonra ao Seu coração amoroso pensar que suas lágrimas e angústia O moverão, sem reconhecer que *a bondade de Deus é que leva você ao arrependimento* (Romanos 2:4). Não é sua maldade, portanto, mas a bondade dEle que conduz ao arrependimento; assim, o verdadeiro caminho para se arrepender é crer no Senhor Jesus Cristo, *que foi entregue por causa das nossas transgressões e ressuscitado para nossa justificação* (Romanos 4:25).

Se o arrependimento for verdadeiro, ele produzirá frutos. Se tivermos feito algo errado com alguém, nunca devemos pedir perdão a Deus, até que estejamos dispostos a fazer a restituição à pessoa que prejudicamos. Se eu tiver cometido uma grande injustiça contra alguém e puder repará-la, não preciso pedir perdão a Deus até que eu esteja disposto a repará-la. Suponhamos que eu tenha tomado algo que não me pertence. Não tenho o direito de esperar perdão até que eu faça a restituição.

Lembro-me de pregar em uma de nossas grandes cidades quando um homem de boa aparência veio até mim após o sermão. Ele estava com a mente muito perturbada. "O fato é que", disse ele, "sou um ladrão. Peguei dinheiro que pertencia a meus empregadores. Como posso me tornar um cristão sem devolver o dinheiro?"

Eu lhe perguntei: "Você tem o dinheiro?"

Ele me disse que não tinha todo o dinheiro. Ele havia pegado cerca de US$ 1.500 e ainda tinha cerca de US$ 900. Ele disse: "Será que eu não poderia pegar esse dinheiro e abrir um negócio para ganhar o suficiente para pagá-los?"

Eu lhe disse que isso era uma ilusão de Satanás, e que ele não poderia esperar prosperar com dinheiro roubado. Eu lhe disse que ele deveria devolver todo o dinheiro que havia sobrado e pedir a seus empregadores que tivessem misericórdia dele e o perdoassem.

"Mas eles vão me colocar na prisão", disse ele. "Você não pode me dar nenhuma ajuda?"

"Não, você precisa devolver o dinheiro antes de receber qualquer ajuda de Deus."

"É muito difícil", disse ele.

"Sim, é difícil, mas o grande erro foi ter cometido o erro em primeiro lugar."

Seu fardo ficou tão pesado que se tornou insuportável. Ele me entregou o dinheiro - cerca de US$ 950 - e pediu que eu o levasse para seus empregadores. Na noite seguinte, os dois patrões se reuniram comigo em uma sala lateral da igreja. Coloquei o dinheiro no chão e os informei de que era de um de seus empregados. Contei-lhes a história e disse que ele queria misericórdia deles, não justiça. As lágrimas escorreram pelo rosto desses dois homens e eles disseram: "Perdoe-o! Sim, ficaremos felizes em perdoá-lo". Desci as escadas e o trouxe para cima. Depois que ele confessou sua culpa e foi perdoado, todos nós nos ajoelhamos e tivemos uma abençoada reunião de oração. Deus nos encontrou e nos abençoou ali.

Há algum tempo, um amigo meu veio a Cristo e desejou consagrar a si mesmo e sua riqueza a Deus. Anteriormente, ele havia se aproveitado do governo em algumas transações com eles. Essa questão surgiu quando ele se converteu, e sua consciência o perturbou. Ele disse: "Quero consagrar minha riqueza, mas parece que Deus não a aceitará". Ele teve uma luta terrível; sua consciência continuava a se levantar e a golpeá-lo. Por fim, ele preencheu um cheque de US$ 1.500 e o enviou ao Tesouro dos Estados Unidos. Ele me disse que recebeu uma grande bênção quando fez isso. Sua conversão produzia "*frutos dignos de arrependimento. (Mateus 3:8).*" Acredito que muitos homens estão clamando a Deus por luz, e não a estão recebendo porque não são honestos.

Certa vez, eu estava pregando e um homem veio até mim após o culto. Ele disse: "Quero que você note que meu cabelo está grisalho e tenho apenas trinta e dois anos de idade. Durante doze anos carreguei um grande fardo".

"Bem", eu disse, "o que é?"

Ele olhou em volta como se tivesse medo de que alguém o ouvisse. "Bem", respondeu ele, "meu pai morreu e deixou para minha mãe o jornal do condado; era tudo o que ela tinha. Depois que ele morreu, o jornal começou a se deteriorar, e vi que minha mãe estava rapidamente se afundando em um estado de necessidade. O prédio e o jornal estavam segurados por mil dólares e, quando eu tinha vinte anos de idade, incendiei o prédio, peguei os mil dólares e dei para minha mãe. Há doze anos esse pecado vem me assombrando. Tentei afogá-lo com prazeres e pecados. Amaldiçoei a Deus. Fui infiel. Tentei me convencer de que a Bíblia não é verdadeira. Fiz tudo o que pude, mas todos esses anos tenho sido atormentado".

Eu disse: "Há uma saída para isso".

Ele perguntou: "Como?"

Eu disse: "Faça a restituição. Vamos nos sentar e calcular os juros, e então você paga o dinheiro à empresa." Você deveria ter visto o rosto daquele homem se iluminar quando descobriu que havia misericórdia para ele. Ele disse que ficaria feliz em devolver o dinheiro e os juros, se ao menos pudesse ser perdoado.

Há pessoas hoje que estão em trevas e escravidão porque não estão dispostas a abandonar seus pecados e confessá-los. Não sei como um homem pode esperar ser perdoado se não estiver disposto a confessar seus pecados.

Lembre-se de que *hoje* é o único dia de misericórdia que você terá. Você pode se arrepender agora e ter seu terrível registro de pecados apagado. Deus espera para perdoá-lo. Ele está procurando trazê-lo para Si, mas acho que a Bíblia ensina claramente que *não há arrependimento após esta vida*. Algumas pessoas lhe dirão que existe a possibilidade de arrependimento na sepultura, mas não encontro isso nas Escrituras.

Examinei minha Bíblia com muito cuidado e não consigo encontrar nenhuma informação de que uma pessoa terá outra oportunidade de ser salva após a morte.

Por que você deveria pedir mais tempo? Você tem tempo suficiente para se arrepender agora. Pode abandonar seus pecados neste momento, se quiser. Deus diz: *Porque não tenho prazer na morte de ninguém, diz o Senhor DEUS. Portanto, convertei-vos e vivei* (Ezequiel 18:32).

Cristo disse que: *não veio chamar justos, mas pecadores ao arrependimento* (Lucas 5:32). Você é um pecador? Então o chamado ao arrependimento é dirigido a você. Tome seu lugar na poeira aos pés do Salvador e reconheça sua culpa. Diga, como o publicano de outrora: *Ó Deus, tem misericórdia de mim, pecador,* e veja quão rapidamente Ele o perdoará e abençoará (Lucas 18:13). Ele até mesmo o justificará e o considerará justo em virtude da justiça daquele que carregou seus pecados em Seu próprio corpo na cruz.

Alguns talvez pensem que são justos e que não precisam se arrepender e crer no evangelho. Eles são como o fariseu da parábola, que agradeceu a Deus por não ser como os outros homens - *vigaristas, injustos, adúlteros, ou mesmo como esse cobrador de impostos*, e que continuou dizendo: *"Jejuo duas vezes por semana; pago o dízimo de tudo o que recebo".* Qual é o julgamento sobre essas pessoas presunçosas? *Digo-vos que este* [o publicano pobre, contrito e arrependido] *desceu justificado para sua casa, e não o outro* (Lucas 18:11-14). *Não há justo, nem um sequer* (Romanos 3:10). *Todos pecaram e destituídos estão da glória de Deus* (Romanos 3:23).

Que ninguém diga que não precisa se arrepender. Que cada um assuma seu verdadeiro lugar - o de pecador; então Deus o elevará ao lugar de perdão e justificação. *Porque todo o que se exalta será humilhado, e o que se humilha será exaltado* (Lucas 14:11). Onde quer que Deus veja o verdadeiro arrependimento no coração, Ele encontra essa alma.

Há algum tempo, estive no Colorado para pregar o evangelho e ouvi algo que tocou meu coração. O governador do estado estava passando pela prisão e, em uma cela, encontrou um rapaz que tinha a janela cheia de flores que pareciam ter sido cuidadas com muito carinho. O governador olhou para o prisioneiro e depois para as flores e perguntou de quem eram. "Estas são minhas flores", disse o prisioneiro.

"Você gosta de flores?"

"Sim, senhor."

"Há quanto tempo você está aqui?"

Ele lhe disse que havia muitos anos e que sua pena seria longa. O governador ficou surpreso ao ver que ele gostava tanto das flores e disse: "Pode me dizer por que gosta tanto dessas flores?"

Com muita emoção, ele respondeu: "Enquanto minha mãe estava viva, ela adorava flores; quando vim para cá, achei que elas me fariam lembrar de minha mãe".

O governador ficou tão satisfeito que disse: "Bem, meu jovem, se você pensa tanto em sua mãe, acho que apreciará sua liberdade", e o perdoou ali mesmo.

Quando Deus encontra essa bela flor do verdadeiro arrependimento brotando no coração de um homem, a salvação chega a ele.

Capítulo 7

Garantia da Salvação

Estas coisas vos escrevi a vós que credes no nome do Filho de Deus, para que saibais que tendes a vida eterna (1 João 5:13)

Há dois grupos de pessoas que não devem ter certeza da salvação: Primeiro, aqueles que estão na igreja, mas que não são convertidos, pois nunca nasceram do Espírito. Segundo, aqueles que não estão dispostos a fazer a vontade de Deus e que não estão prontos para seguir o caminho que Deus traçou para eles, mas querem fazer sua própria vontade.

Alguém perguntará: "Será que todo o povo de Deus tem segurança?"

Não; acho que muitos dos queridos de Deus não têm certeza, mas é privilégio de todo filho de Deus ter conhecimento de sua própria salvação, sem sombra de dúvida. Ninguém está apto para o serviço de Deus se estiver cheio de dúvidas. Se uma pessoa não tem certeza de sua própria salvação, como ela pode ajudar outra pessoa a entrar no reino de Deus? Se eu parecer estar correndo o risco de me afogar e não souber se algum dia chegarei à margem, não poderei ajudar outra pessoa. Primeiro, eu mesmo preciso chegar à rocha sólida e, depois, posso ajudar meu irmão. Se eu fosse cego e dissesse a outro cego como obter a visão, ele poderia responder: "Primeiro cure-se e depois me diga".

Recentemente, encontrei-me com um jovem que era cristão, mas não havia obtido vitória sobre o pecado. Ele estava em uma escuridão terrível. Essa pessoa não está apta a trabalhar para Deus, porque está dominada por seus pecados. Ela não tem vitória sobre suas dúvidas, porque não tem vitória sobre seus pecados.

Ninguém que não tenha certeza de sua própria salvação terá tempo ou coração para trabalhar para Deus. Essas pessoas estão ocupadas lidando com seus próprios problemas de pecado e dúvida e sendo sobrecarregadas com suas próprias dúvidas. Elas não podem ajudar os outros a carregar seus fardos. Não há descanso, alegria ou paz - nem liberdade ou poder - onde existem dúvidas e incertezas.

Satanás tem três esquemas contra os quais devemos estar atentos. Em primeiro lugar, ele usa todas as forças de seu reino para nos afastar de Cristo; depois, ele se dedica a nos atrair para o "Castelo da Dúvida"; mas se tivermos um testemunho claro e sonoro do Filho de Deus, ele fará tudo o que puder para denegrir nosso caráter e desacreditar nosso testemunho.[2] Alguns

---

2   Essa é uma referência do livro de John Bunyan, Pilgrim's Progress (O Progresso do Peregrino), que pode ser adquirido na Aneko Press.

parecem pensar que é presunção não ter dúvidas, mas a dúvida é muito desonrosa para Deus. Se alguém dissesse que conhece uma pessoa há trinta anos e ainda assim duvida dela, isso não seria muito crível; no entanto, quando conhecemos Deus há dez, vinte ou trinta anos, duvidar Dele não reflete em Seu caráter verdadeiro?

Será que Paulo, os primeiros cristãos e os mártires poderiam ter passado pelo que passaram se estivessem cheios de dúvidas e não soubessem se iriam para o céu ou para o inferno depois de serem queimados na fogueira? Eles devem ter tido certeza.

Charles Spurgeon disse:

> Nunca ouvi falar de uma cegonha que, ao encontrar um pinheiro, se perguntasse se tinha o direito de construir seu ninho ali; e nunca ouvi falar de um texugo das rochas que se perguntasse se tinha permissão para correr para seu buraco na rocha. Essas criaturas logo pereceriam se estivessem sempre duvidando e temendo se tinham o direito de usar o que Deus lhes proporcionou.

> A cegonha diz a si mesma: "Ah, aqui está um abeto".

> Ele consulta sua companheira: "Será que isso serve para o ninho onde poderemos criar nossos filhotes?"

"Sim", diz ela, e eles reúnem e organizam os materiais. Eles nunca fazem a pergunta: "Podemos construir aqui?" Eles trazem seus gravetos e fazem o ninho.

O bode selvagem no penhasco não pergunta: "Eu tenho o direito de estar aqui?" Não, ele precisa estar em algum lugar, e um penhasco lhe convém, então ele corre para lá.

Embora essas pobres criaturas conheçam a provisão de seu Deus, o pecador não reconhece a provisão do Salvador. Ele questiona e pergunta: "Posso?" e diz: "Receio que não seja para mim"; "Não pode ser para mim"; e "Receio que seja bom demais para ser verdade".

No entanto, ninguém jamais disse à cegonha: "Quem construir sobre este pinheiro nunca terá seu ninho derrubado". Nenhuma palavra inspirada foi dita ao texugo das rochas: "Quem correr para esta fenda nunca será expulso dela". Se tivesse sido assim, isso tornaria a garantia duplamente segura.

Eis que aqui Cristo é oferecido aos pecadores - exatamente o tipo de Salvador que os pecadores precisam - com este encorajamento adicional: *Aquele que vem a mim de maneira nenhuma o lançarei fora* (João 6:37), e *Quem quiser tome de graça da água da vida* (Apocalipse 22:17).

Agora vamos à Palavra. João nos conta em seu evangelho o que Cristo fez por nós na Terra. Em sua carta, ele nos conta o que Jesus está fazendo por nós no céu como nosso advogado. No evangelho de João, há apenas dois capítulos em que a palavra *crer* não aparece. Com essas duas exceções, todos os capítulos de João são "Creiam! Creiam! Creiam!" Ele nos diz em João 20:31: *Estes, porém, foram escritos para que creiais que Jesus é o Cristo, o Filho de Deus, e para que, crendo, tenhais vida em seu nome.* Esse é o propósito para o qual ele escreveu o evangelho - *para que vocês creiam que Jesus é o Cristo, o Filho de Deus, e para que, crendo, tenham vida em Seu nome.*

Em 1 João 5:13, João nos diz por que escreveu essa carta: *Estas coisas vos escrevi a vós que credes no nome do Filho de Deus.* Observe para quem ele escreve: *Vós que credes no nome do Filho de Deus, para que saibais que tendes a vida eterna, e para que, crendo, tenhais vida em seu nome.* Há apenas cinco capítulos curtos em 1 João, e a palavra *conhecer* ocorre mais de quarenta vezes. É "Conheça! Conheça! CONHEÇA! A chave é ''conhecer''! Em toda essa carta, soa o refrão "para que saibamos que temos a vida eterna".

Viajei 1.200 milhas pelo Mississippi na primavera, há alguns anos, e todas as noites, quando o sol se punha, eu via homens, e às vezes mulheres cavalgando até as duas margens do rio em mulas ou cavalos, e às vezes a pé, com o propósito de acender as luzes do governo. Por todo aquele poderoso rio, os pontos de referência orientavam os pilotos dos navios em sua perigosa navegação. Deus nos deu luzes, ou pontos de referência, para nos dizer se somos Seus filhos ou não; o que precisamos fazer é examinar os sinais que Ele nos deu.

Em 1 João 3, há cinco coisas que devemos "saber". No quinto versículo, lemos a primeira coisa: *Vós sabeis que ele se manifestou para tirar os pecados; e nele não há pecado.* Não o que eu fiz, mas o que Ele fez. Será que Ele falhou em Sua missão? Ele não é capaz de fazer o que veio fazer? Algum homem enviado pelo céu já falhou? O próprio Filho de Deus poderia falhar? Ele veio para tirar nossos pecados.

Em 1 João 3:19 está o segundo ponto a ser conhecido: *Nisto conheceremos que somos da verdade, e diante dele tranquilizaremos o nosso coração.* Sabemos que somos da verdade. E se a verdade nos libertar, verdadeiramente seremos livres. *Se, pois, o Filho vos libertar, verdadeiramente sereis livres* (João 8:36).

A terceira coisa a saber está no versículo quatorze: *Nós sabemos que já passamos da morte para a vida, porque amamos os irmãos.* A pessoa não salva não gosta de pessoas piedosas, nem se importa em estar na companhia delas. *Aquele que não ama permanece na morte.* Ele não tem vida espiritual.

A quarta coisa que vale a pena saber encontramos no versículo vinte e quatro: *Aquele que guarda os seus mandamentos permanece nele, e ele nele. E nisto conhecemos que ele permanece em nós: pelo Espírito que nos deu.* Podemos saber que tipo de Espírito temos se possuirmos o Espírito de Cristo. Teremos um espírito semelhante ao de Cristo - não o mesmo em grau, mas o mesmo em espécie. Se eu for manso, gentil e perdoador; se eu tiver um espírito cheio de paz e alegria; se eu for paciente e gentil, como o Filho de Deus - isso é um teste e, dessa forma, saberemos se temos vida eterna ou não.

A quinta coisa que vale a pena saber, e a melhor de todas, encontra-se em 1 João 3:2: *Amado, agora.* Observe a palavra *agora.* Não diz "quando você morrer". *Amados, agora somos filhos de Deus, e ainda não se manifestou o que havemos de ser. Sabemos que, quando ele se manifestar, seremos semelhantes a ele, porque o veremos como ele é.*

Mas alguns dirão: "Bem, eu acredito em tudo isso, mas tenho pecado desde que me tornei cristão". Existe algum homem ou mulher na face da Terra que não tenha pecado desde que se tornou cristão? Nenhum! Nunca houve e nunca haverá uma alma nesta terra que não tenha pecado ou que não venha a pecar em algum momento de sua experiência cristã. Mas Deus fez provisão para os pecados dos crentes. *Nós* não devemos fazer provisão para eles; Deus já fez. Tenha isso em mente.

Vá para 1 João 2:1: *Filhinhos meus, estas coisas vos escrevo para que não pequeis. E, se alguém pecar, temos um Advogado para com o Pai, Jesus Cristo, o Justo.* João está escrevendo aos justos. *Se alguém pecar, nós* — João se colocou no lugar — *temos um Advogado junto ao Pai, Jesus Cristo, o justo.* Que advogado! Ele atende aos nossos interesses no melhor lugar - o trono de Deus.

Ele disse: *Mas eu vos digo a verdade: convém-vos que eu vá* (João 16:7). Ele foi embora para se tornar nosso sumo sacerdote e também nosso advogado. Ele teve alguns casos difíceis para defender, mas nunca perdeu nenhum. Se você confiar seus interesses eternos a Ele, Ele *o fará permanecer irrepreensível na presença de Sua glória, com grande alegria* (Judas 24).

Os pecados passados dos cristãos são todos perdoados assim que são confessados, e nunca devem ser mencionados. Essa é uma questão que não deve ser levantada novamente. Se nossos pecados foram removidos, isso é o fim deles. Eles não devem ser lembrados; Deus não os mencionará mais. Isso é muito claro. Suponhamos que eu tenha um filho que faz coisas erradas quando estou fora de casa. Quando volto para casa, ele coloca os braços em volta do meu pescoço e diz: "Papai, fiz o que o senhor me disse para não fazer. Estou muito arrependido. Por favor, me perdoe".

Eu digo: "Sim, meu filho", e o beijo. Ele enxuga as lágrimas e sai feliz.

No dia seguinte, ele diz: "Papai, gostaria que o senhor me perdoasse pelo mal que fiz ontem".

Eu diria: "Ora, meu filho, esse assunto está resolvido e não quero que seja mencionado novamente".

"Mas eu gostaria que você me perdoasse; me ajudaria ouvir você dizer: 'Eu te perdoo'".

Isso seria uma honra para mim? Não me magoaria o fato de meu filho duvidar de mim? Mas, para satisfazê-lo, digo novamente: "Eu o perdoo, meu filho".

E, se no dia seguinte ele trouxesse novamente à tona aquele antigo pecado e pedisse perdão, isso não me entristeceria profundamente? Portanto, meu caro leitor, se Deus nos perdoou, jamais mencionemos o passado. Esquecendo-me das coisas que ficaram para trás e avançando para as que estão adiante, *prossigo para o alvo pelo prêmio da soberana vocação de Deus em Cristo Jesus.* (Filipenses 3:13-14). Deixe os pecados do passado para trás. *Se confessarmos os nossos pecados, ele é fiel e justo para nos perdoar os pecados e nos purificar de toda injustiça* (1 João 1:9).

Gostaria de dizer que esse princípio é reconhecido nos tribunais de justiça. Surgiu um caso nos tribunais de um país - não vou dizer onde - em que um homem teve problemas com sua esposa. Ele a perdoou e depois a levou ao tribunal. Quando se soube que ele a havia perdoado, o juiz disse que a questão estava resolvida. O juiz reconheceu a solidez do princípio de que, se um pecado fosse perdoado uma vez, ele acabaria. E você acha que o Juiz de toda a Terra perdoará a você e a mim e depois trará o pecado à tona novamente? Se Deus perdoar, nossos pecados desaparecerão para o tempo e para a eternidade. Devemos confessar e abandonar nossos pecados.

Agora leia 2 Coríntios 13:5: *Examinai-vos a vós mesmos se permaneceis na fé; provai-vos a vós mesmos! Ou não reconheceis que Jesus Cristo está em vós? A não ser que já estejais reprovados.* Agora examinem a si mesmos. Experimentem sua religião. Ponham-na à prova. Você consegue perdoar um inimigo? Essa é uma boa maneira de saber se você é um filho de Deus. Você consegue perdoar uma injúria ou aceitar um insulto, como Cristo fez? Você pode ser censurado por fazer o bem e não reclamar? Você pode ser mal julgado e mal representado e ainda assim manter um espírito semelhante ao de Cristo?

Gálatas 5 oferece outro bom teste. Observe o fruto do Espírito e veja se você tem as qualidades listadas. *Mas o fruto do Espírito é: amor, alegria, paz, longanimidade, benignidade, bondade, fidelidade, mansidão, domínio próprio; contra estas coisas não há lei* (Gálatas 5:22-23). Se eu tiver o fruto do Espírito, é porque tenho o Espírito. Eu não poderia ter o fruto sem o Espírito, assim como uma laranja não poderia existir sem a árvore. Jesus disse: *Pelos seus frutos os conhecereis* (Mateus 7:16). *A árvore se conhece pelo fruto* (Mateus 12:33). Faça com que a árvore seja boa, e o fruto será bom. A única maneira de obter o fruto é ter o Espírito. Essa é a maneira de examinarmos se somos filhos de Deus.

Um trecho muito marcante está em Romanos 8:9, onde Paulo diz: *Se alguém não tem o Espírito de Cristo, esse tal não é dele.* Isso deve resolver a questão, mesmo que a pessoa tenha passado por todas as formas externas consideradas necessárias por alguns para se tornar membro de uma igreja. Leia a vida de Paulo e coloque a sua ao lado dela.[3] Se sua vida se assemelha à dele, isso é uma prova de que você nasceu de novo - que é uma nova criatura em Cristo Jesus.

Embora você possa ter nascido de novo, será necessário tempo para se tornar um cristão adulto. A justificação é instantânea, mas a santificação é um trabalho de vida. Devemos crescer em sabedoria. Pedro diz: *Crescei na graça e no conhecimento de nosso Senhor e Salvador Jesus Cristo* (2 Pedro 3:18). Ele também escreve:

---

3   A história da vida de Paulo pode ser encontrada em Atos 9-28; Gálatas 1:11-23; Efésios 3; Filipenses 3:3-15; 2 Timóteo 4:6-8.

Por isso mesmo, vós, reunindo toda a vossa diligência, acrescentai à vossa fé a virtude, e à virtude a ciência, e à ciência o domínio próprio, e ao domínio próprio a perseverança, e à perseverança a piedade, e à piedade a fraternidade, e à fraternidade o amor. Pois se estas coisas estiverem em vós e em vós abundarem, não vos deixarão ociosos nem estéreis no conhecimento de nosso Senhor Jesus Cristo. (2 Pedro 1:5-8)

Devemos acrescentar graça à graça. Uma árvore pode ser perfeita em seu primeiro ano de crescimento, mas não atinge sua plena maturidade nesse primeiro ano. O mesmo acontece com o cristão. Ele pode ser um verdadeiro filho de Deus, mas não um cristão maduro.

O oitavo capítulo de Romanos é muito importante, e devemos conhecê-lo muito bem. No décimo quarto versículo, o apóstolo diz: *Todos os que estão sendo guiados pelo Espírito de Deus são filhos de Deus.* Assim como o soldado é conduzido por seu capitão, o aluno por seu professor ou o viajante por seu guia, todo verdadeiro filho de Deus será conduzido pelo Espírito Santo.

Permita-me chamar sua atenção para outro fato. Todos os ensinamentos de Paulo, em quase todas as cartas, falam da doutrina da segurança. Ele diz em 2 Coríntios 5:1: *Porque sabemos que, se a nossa casa terrestre deste tabernáculo se desfizer, temos de Deus um edifício, uma casa não feita por mãos, eterna, nos céus.* Ele tinha um título para as mansões do alto, e disse: "Eu sei disso". Ele não estava vivendo na incerteza. Ele disse que tinha *desejo de partir e estar com Cristo,* e se estivesse incerto, não teria dito isso. (Filipenses 1:23) Então em Colossenses 3:4 ele diz: *Quando Cristo, que é a nossa vida, se manifestar, então vós também sereis manifestados com ele em glória.* Disseram-me que a lápide do Dr. Isaac Watts tem essa mesma passagem das Escrituras. Não há dúvida alguma sobre esse versículo.

Agora vá para Colossenses 1:12-13: *Glorificando ao Pai, que nos fez idôneos para participar da herança dos santos na luz. Ele nos libertou do império das trevas e nos transportou para o reino do seu Filho amado.* Há três frases "tem" nesses versículos: *nos qualificou, nos resgatou* e *nos transferiu.* Não diz que Ele vai nos qualificar, que vai nos resgatar ou que vai nos transferir ou mudar, mas que Ele nos qualificou.

Depois, em Colossenses 1:14: *Em quem temos a redenção, a saber, o perdão dos pecados.* Ou somos perdoados ou não somos. Não devemos nos dar descanso até entrar no reino de Deus, nem até podermos olhar para cima e dizer: *Porque sabemos que, se a nossa casa terrestre deste tabernáculo se desfizer, temos de Deus um edifício, uma casa não feita por mãos, eterna, nos céus* (2 Coríntios 5:1).

Veja Romanos 8:32: *Aquele que não poupou o seu próprio Filho, antes o entregou por todos nós, como não nos dará também com ele todas as coisas?* Se Ele nos deu Seu Filho, não nos dará a certeza de que Ele é nosso? Já ouvi a seguinte ilustração: Havia um homem que devia US$ 10.000 e teria ido à falência, mas um amigo apareceu e pagou a quantia. Mais tarde, soube-se que o homem devia alguns dólares a mais, mas ele não duvidou nem por um momento de que, assim como seu amigo havia pago a quantia maior, ele também pagaria a menor. E temos muitos motivos para dizer que, se Deus nos deu Seu Filho, Ele também nos dará livremente todas as coisas com Ele; se quisermos realizar nossa salvação sem qualquer dúvida, Ele não nos deixará na escuridão.

Leia Romanos 8:33-39:

Quem intentará acusação contra os escolhidos de Deus? É Deus quem os justifica. Quem é que condena? É Cristo Jesus quem morreu, ou antes quem ressurgiu dentre os mortos, o qual está à direita de Deus, e também intercede por nós. Quem nos separará do amor de Cristo? A tribulação, ou a angústia, ou a perseguição, ou a fome, ou a nudez, ou o perigo, ou a espada? Como está escrito: 'Por amor de ti somos entregues à morte o dia todo; fomos considerados como ovelhas para o matadouro.' Mas em todas estas coisas somos mais do que vencedores, por aquele que nos amou. Porque estou certo de que nem a morte, nem a vida, nem os anjos, nem os principados, nem as potestades, nem o presente, nem o porvir, nem a altura, nem a profundidade, nem qualquer outra criatura nos poderá separar do amor de Deus, que está em Cristo Jesus nosso Senhor.

Isso soa correto. Há segurança para você. *Eu estou convencido.* Você acha que o Deus que me justificou vai me condenar? Isso é um grande absurdo. Deus vai nos salvar de modo que nem os homens, nem os anjos, nem os demônios possam fazer qualquer acusação contra nós ou contra Ele. Ele terá a obra completa.

Jó viveu em dias mais sombrios que os nossos, mas até mesmo Jó declarou: *Eu sei que o meu Redentor vive, e que por fim se levantará sobre a terra* (Jó 19:25).

A mesma confiança transparece nas últimas palavras de Paulo a Timóteo: *Por essa razão sofro também estas coisas, mas não me envergonho; porque eu sei em quem tenho crido e estou certo de que ele é poderoso para guardar o meu depósito até aquele dia* (2 Timóteo 1:12). Não se trata de dúvida, mas de conhecimento. *Eu sei. Eu estou convencido.* A palavra *esperança* não é usada nas Escrituras para expressar dúvida. É usado em relação à segunda vinda de Cristo ou à ressurreição do corpo. Não dizemos que esperamos ser cristãos. Não digo que espero ser um americano ou que espero ser um homem casado. Essas são coisas estabelecidas. Posso dizer que espero voltar para minha casa ou que espero participar de uma determinada reunião. Não digo que espero vir para este país, pois já estou aqui. E assim, se somos nascidos de Deus, sabemos disso. Ele não nos deixará na escuridão se examinarmos as Escrituras.

Cristo ensinou esta doutrina aos seus setenta discípulos quando eles voltaram exultantes com seu sucesso, dizendo: *Senhor, até os demônios se nos submetem em teu nome!* (Lucas 10:17). O Senhor pareceu conter seu entusiasmo e disse que lhes daria algo maior para se alegrarem. *Não vos alegreis porque se vos sujeitam os espíritos; alegrai-vos antes por estarem os vossos nomes escritos nos céus* (Lucas 10:20).

É privilégio de cada um de nós saber, sem sombra de dúvida, que nossa salvação é certa; então poderemos trabalhar para os outros. Mas se duvidarmos de nossa própria salvação, não estaremos aptos para o serviço de Deus.

Outra passagem que nos dá segurança é João 5:24: *Na verdade, na verdade vos digo que quem ouve a minha palavra e crê naquele que me enviou tem a vida eterna e não entrará em condenação, mas já passou da morte para a vida.*

Algumas pessoas dizem que você nunca poderá saber se é salvo até que esteja diante do grande trono branco do julgamento. Ora, meu caro amigo, se a sua vida está escondida com Cristo em Deus, então você não está sendo julgado por seus pecados. Podemos ir a julgamento por recompensa. Está claramente ensinado quando o senhor lidou com o servo que recebera cinco talentos e trouxe outros cinco, dizendo: *O que recebera cinco talentos aproximou-se e apresentou outros cinco, dizendo: Senhor, confiaste-me cinco talentos. Vede, ganhei mais cinco talentos. O seu senhor lhe disse: 'Muito bem, servo bom e fiel; sobre o pouco foste fiel, sobre muito te colocarei; entra no gozo do teu senhor'* (Mateus 25:20-21). Seremos julgados por nossa administração. Isso é uma coisa, mas a salvação - a vida eterna - é outra.

Deus exigirá o pagamento da dívida duas vezes mais do que Cristo pagou por nós? Se Cristo carregou meus pecados em Seu próprio corpo no madeiro, devo responder por eles também?

Isaías 53:5 nos diz: *Mas ele foi traspassado pelas nossas transgressões e moído pelas nossas iniquidades; o castigo que nos traz a paz estava sobre ele, e pelas suas pisaduras fomos sarados.* Em Romanos 4:25, lemos: *Ele foi entregue por causa das nossas transgressões e ressuscitado para nossa justificação.* Acreditemos e recebamos o benefício de Sua obra concluída.

E novamente em João 10:9: *Eu sou a porta; se alguém entrar por mim, será salvo, e entrará, e sairá, e achará pastagens.* Essa é a promessa. João 10:27-29 diz:

> As minhas ovelhas ouvem a minha voz, e eu
> as conheço, e elas me seguram; e eu lhes dou
> a vida eterna, e nunca hão de perecer, e nin-
> guém as arrebatará da minha mão. Meu Pai,
> que mas deu, é maior do que todos; e nin-
> guém pode arrebatá-las da mão de meu Pai.

Pense nisso! O Pai, o Filho e o Espírito Santo se comprometeram a nos guardar. Vemos que não é apenas o Pai, nem apenas o Filho, mas todas as três pessoas do Deus Triúno.

Muitas pessoas querem algum sinal além da Palavra de Deus. Esse hábito sempre traz dúvidas. Se eu prometesse me encontrar com um homem em um determinado horário e local amanhã, e ele me pedisse meu relógio como prova de minha sinceridade, isso seria uma ofensa à minha veracidade. Não devemos questionar o que Deus disse. Ele fez declaração após declaração e ilustração após ilustração. Jesus disse:

*Eu sou a porta; se alguém entrar por mim,
será salvo.* (João 10:9)

*Eu sou o bom pastor; conheço as minhas
ovelhas, e elas me conhecem a mim.*
(João 10:14)

*Eu sou a luz do mundo; quem me segue não
andará em trevas, mas terá a luz da vida.*
(João 8:12)

Jesus declarou que ele é: *o caminho, a verdade, e a vida* (João 14:6). Receba-me e você terá a verdade, pois sou a personificação da verdade.

Você quer conhecer o caminho? Siga-Me, e Eu o conduzirei ao reino. Você tem fome de justiça? *Eu sou o pão da vida; aquele que vem a mim não terá fome, e quem crê em mim nunca terá sede* (João 6:35).

Jesus é a água viva. *Mas aquele que beber da água que eu lhe der nunca terá sede, porque a água que eu lhe der se fará nele uma fonte de água que salte para a vida eterna* (João 4:14).

Ele disse: *Eu sou a ressurreição e a vida; quem crê em mim, ainda que morra, viverá; e todo o que vive e crê em mim não morrerá eternamente* (João 11:25-26).

Deixe-me lembrá-lo de onde vêm nossas dúvidas. Boa parte do querido povo de Deus nunca consegue ir além de se reconhecer como servo. Ele nos chama de amigos. Se você entrar em uma casa, logo verá a diferença entre o servo e o filho. O filho anda em perfeita liberdade por toda a casa; ele está em casa. Mas o servo ocupa um lugar subordinado. Queremos ir além dos servos. Devemos perceber nossa posição perante Deus como filhos e filhas. Ele não "desfilhará" Seus filhos. Deus não apenas nos adotou, mas somos Seus por nascimento; nascemos em Seu reino. Meu filho pequeno era tão meu quando tinha um dia de vida quanto é agora, aos quatorze anos de idade. Ele era meu filho, embora não parecesse o que ele seria quando atingisse a idade adulta. Ele é meu, embora talvez tenha que passar por um treinamento com tutores e professores. Os filhos de Deus não são perfeitos, mas nós somos perfeitamente Seus filhos.

Outra origem das dúvidas vem do fato de olharmos para nós mesmos. Se quisermos ser infelizes e miseráveis, cheios de dúvidas da manhã à noite, olhamos para nós mesmos. *Tu conservarás em paz aquele cuja mente está firme em ti; porque ele confia em ti* (Isaías 26:3). Muitos dos queridos filhos de Deus são privados da alegria porque continuam olhando para si mesmos.

Alguém disse: "Há três maneiras de olhar. Se você quer ser infeliz, olhe para dentro de si mesmo; se você quer se distrair, olhe ao redor; mas se você quer ter paz, olhe para cima". Pedro desviou o olhar de Cristo e imediatamente começou a afundar. E o Senhor lhe disse: *Homem de pouca fé, por que duvidaste?* (Mateus 14:31). Ele tinha a palavra eterna de Deus, que era uma base segura e melhor do que mármore, granito ou ferro, mas no momento em que desviou os olhos de Cristo, caiu. Aqueles que olham ao redor não conseguem ver como sua caminhada é instável e desonrosa. Queremos olhar firmemente para *o Autor e Consumador da fé* (Hebreus 12:2).

Quando eu era menino, só conseguia fazer uma trilha reta na neve se mantivesse os olhos fixos em uma árvore ou em algum objeto à minha frente. No momento em que eu tirava os olhos da marca colocada à minha frente, eu andava torto. É somente quando olhamos fixamente para Cristo que encontramos a paz perfeita. *E, dizendo isso, mostrou-lhes as mãos e os pés* (Lucas 24:40). Esse foi o fundamento da paz deles. Se quiser dissipar suas dúvidas, olhe para o sangue; se quiser aumentar suas dúvidas, olhe para si mesmo. Você terá dúvidas suficientes para anos se ficar ocupado consigo mesmo por alguns dias.

Olhe para o que Ele é e para o que Ele fez, não para o que você é e para o que você fez. Essa é a maneira de obter paz e descanso.

Abraham Lincoln emitiu uma proclamação declarando a emancipação de três milhões de escravos. Em um determinado dia, suas correntes deveriam cair e eles seriam livres. A proclamação foi colocada em árvores e cercas por onde o exército do norte marchava. Muitos escravos não sabiam ler, mas outros leram a proclamação e a maioria deles acreditou nela. Naquele dia, um grito de alegria se fez ouvir: "Somos livres!" Alguns não reivindicaram essa liberdade para si mesmos e permaneceram com seus antigos senhores, mas isso não alterou o fato de que eram livres. Cristo, o capitão de nossa salvação, proclamou a liberdade para todos os que têm fé Nele. Vamos acreditar em Sua palavra. Os sentimentos dos escravos não teriam tornado os escravos livres. A força deve vir de fora. Olhar para nós mesmos não nos tornará livres, mas olhar para Cristo com os olhos da fé nos tornará livres.

J. C. Ryle escreveu, maravilhosamente, em seu folheto *Faith and Assurance* :

> Lembremos que a fé é a raiz, e a certeza é a flor. Sem dúvida, nunca se pode ter a flor sem a raiz; mas não é menos certo que se pode ter a raiz e não a flor.

> A fé é aquela mulher enferma que, tremendo, veio por trás de Jesus no meio da multidão e tocou a orla do seu manto (Marcos 5:25-28). A certeza da fé é Estêvão, sereno no meio de seus assassinos, declarando: *Vejo os céus abertos e o Filho do homem em pé à direita de Deus* (Atos 7:56).

> A fé é o ladrão arrependido clamando: *Jesus, lembra-te de mim* (Lucas 23:42). A certeza da fé é Jó, assentado na cinza, coberto de chagas, declarando: *Eu sei que o meu Redentor vive* (Jó 19:25). *Ainda que ele me mate, nele esperarei* (Jó 13:15).

> A fé é o grito de afogamento de Pedro quando ele começou a afundar: *Senhor, salva-me!* (Mateus 14:30). A certeza da fé é o mesmo Pedro declarando posteriormente diante do Sinédrio: *Ele é a pedra que foi rejeitada por vós, os edificadores, a qual foi posta por cabeça de esquina. E em nenhum outro há salvação, porque também*

debaixo do céu nenhum outro nome há, dado entre os homens, pelo qual devamos ser salvos (Atos 4:11-12).

A fé é a voz ansiosa e trêmula: *Eu creio, Senhor! Ajuda a minha incredulidade* (Marcos 9:24). A garantia é o desafio confiante: *Quem intentará acusação contra os escolhidos de Deus? É Deus quem os justifica. Quem é que condena?* (Romanos 8:33-34).

A fé é Saulo orando na casa de Judas em Damasco, triste, cego e sozinho (Atos 9:11). A certeza da fé é Paulo, o prisioneiro idoso, olhando calmamente para a morte e declarando: *Eu sei em quem tenho crido* (2 Timóteo 1:12), e *já me está guardada a coroa da justiça* (2 Timóteo 4:8).

Fé é vida. Quão grande é a bênção! Quem pode distinguir o abismo entre a vida e a morte? E, no entanto, a vida pode ser fraca, doentia, insalubre, dolorosa, difícil, ansiosa, desgastada, pesada, sem alegria e sem sorrisos até o fim.

A segurança é mais do que a vida. É saúde, força, poder, vigor, atividade, energia, virilidade e beleza.

Certa vez, um ministro pronunciou a bênção desta forma: O coração de Deus para nos dar as boas-vindas, o sangue de Cristo para nos purificar e o Espírito Santo para nos dar certeza. A segurança do crente é o resultado da operação do Espírito de Deus.

Outro escritor diz:

> Já vi arbustos e árvores crescerem das rochas e se debruçarem sobre precipícios temíveis, cataratas estrondosas e águas correntes profundas; mas eles mantiveram sua posição e lançaram suas folhagens e galhos como se estivessem no meio de uma densa floresta. Foi o fato de se agarrarem à rocha que os tornou seguros, e as influências da natureza sustentaram sua vida. Assim, os crentes são muitas vezes expostos aos mais terríveis perigos em sua jornada para o céu, mas enquanto estiverem "enraizados e fundamentados" na Rocha das Eras, estarão perfeitamente seguros. Seu apego a Ele é sua garantia, e as bênçãos de Sua graça lhes dão vida e os sustentam na vida. E assim como a árvore precisa morrer ou a rocha cair para que haja uma dissolução entre elas, o crente precisa perder sua vida espiritual ou a Rocha precisa desmoronar para que sua união seja dissolvida.

Falando do Senhor Jesus, Isaías diz:

> *Firmá-lo-ei como cravo em lugar seguro,*
> *e será como um trono de glória para a*
> *casa de seu pai. Assim pendurarão nele*
> *toda a glória da casa de seu pai, a des-*
> *cendência e a posteridade, todos os vasos*
> *menores, desde as taças até todos os jarros.*
> (Isaías 22:23-24)

Há um prego, preso em um lugar seguro, e nele estão pendurados todos os instrumentos e todas as xícaras. "Oh", diz uma pequena xícara, "sou tão pequena, suponha que eu caia!"

"Oh", diz um instrumento, "não tenho medo de você, mas sou tão pesado, tão pesado, suponha que eu caia!"

E uma pequena xícara diz: "Oh, se eu fosse como a xícara de ouro ali, eu nunca teria medo de cair".

Mas a xícara de ouro responde: "Não é porque sou uma xícara de ouro que permaneço de pé, mas porque estou pendurada no prego".

Se o prego ceder, todos nós caímos — xícaras de ouro, xícaras de porcelana, xícaras de estanho e tudo mais; mas enquanto o prego permanecer de pé, todos os que estão pendurados Nele ficarão seguros.

Certa vez, li estas palavras em uma lápide: "Nascido, morto, guardado". Oremos para que Deus nos mantenha em perfeita paz e seguros da salvação.

Capítulo 8

Cristo é Tudo

Cristo é tudo e está em tudo (Colossenses 3:11).

Cristo é tudo o que fazemos com que Ele seja. Quero enfatizar a palavra *tudo*. Alguns O fazem ser *a raiz de uma terra seca*, sem *aparência para que n'Ele nos agrademos* (Isaías 53:2). Ele não é nada para eles; eles não O querem. Alguns cristãos têm um Salvador muito pequeno, pois não estão dispostos a recebê-Lo plenamente e permitir que Ele faça coisas grandes e poderosas por eles. Outros têm um Salvador poderoso, porque percebem que Ele é grande e poderoso.

Se quisermos saber o que Cristo quer ser para nós, precisamos primeiro que conhecê-Lo como nosso Salvador do pecado. Quando o anjo desceu do céu para proclamar que Jesus nasceria no mundo, ele declarou Seu nome: *Ela lhe porás o nome de Jesus, porque ele salvará o seu povo dos seus pecados* (Mateus 1:21). Fomos libertados do pecado? Jesus não veio para nos salvar *em* nossos pecados, mas *dos* nossos pecados.

Agora, há três maneiras de conhecer uma pessoa. Algumas pessoas você conhece apenas por ouvir dizer. Outras você conhece apenas por ter sido apresentado a elas uma vez; você as conhece muito pouco. Outras, ainda, você conhece por estar familiarizado com elas há anos; você as conhece intimamente. Da mesma forma, acredito que há três classes de pessoas hoje na igreja cristã e fora dela. Alguns conhecem Cristo apenas pela leitura ou por ouvir dizer — aqueles que reconhecem um Cristo histórico. Outros têm um leve conhecimento pessoal Dele. Terceiro, alguns anseiam, como Paulo, *conhecê-lo, e o poder da sua ressurreição* (Filipenses 3:10). Quanto mais conhecermos Cristo, mais O amaremos e melhor O serviremos.

Salvador

Olhemos para Jesus enquanto Ele está pendurado na cruz e vejamos como Ele eliminou o pecado. Ele veio à Terra para tirar nossos pecados. Se realmente O conhecermos, devemos primeiro vê-Lo como nosso Salvador do pecado. Lembrai-vos como os anjos disseram aos pastores nos campos de Belém: *Eis aqui vos trago novas de grande alegria, que será para todo o povo; pois, na cidade de Davi, vos nasceu hoje o Salvador, que é Cristo, o Senhor* (Lucas 2:10-11). Então, se você voltar a Isaías, setecentos anos antes do nascimento de Cristo, encontrará estas palavras: *Eu, eu sou o SENHOR, e fora de mim não há Salvador* (Isaías 43:11).

Em 1 João 4:14, lemos: *Nós vimos e testificamos que o Pai enviou seu Filho como Salvador do mundo.* Todas as religiões pagãs ensinam as pessoas a se esforçarem para chegar a Deus, mas a religião de Jesus Cristo é Deus descendo até nós para nos salvar e nos tirar do poço do pecado. Em Lucas 19:10, lemos que o próprio Cristo disse às pessoas por que Ele tinha vindo: *O Filho do homem veio buscar e salvar o que se havia perdido.* Portanto, começamos na cruz e não no berço. Cristo abriu um caminho novo e vivo para o Pai. Ele tirou todas as pedras de tropeço do caminho, de modo que todos que confiam em Jesus como Salvador podem ter a salvação.

Libertador

Mas Jesus Cristo não é apenas um Salvador. Posso salvar um homem de um afogamento e resgatá-lo de uma sepultura prematura, mas talvez eu não possa fazer mais nada por ele. Cristo é mais do que um Salvador. Quando os filhos de Israel foram colocados atrás do sangue, esse sangue era a salvação deles, mas eles ainda teriam ouvido o estalar do chicote do condutor de escravos se não tivessem sido libertados do jugo de escravidão egípcio. Foi Deus quem os libertou das mãos do rei do Egito.

Tenho pouca simpatia pela ideia de que Deus desce para nos salvar e depois nos deixa na prisão para sermos escravos de nossos pecados opressores. Não. Ele veio para nos libertar e nos dar a vitória sobre nossos maus temperamentos, nossas paixões e nossas luxúrias.

Você é um cristão que se declara cristão, mas é escravo de algum pecado perturbador? Se você deseja obter a vitória sobre esse temperamento ou essa luxúria, continue conhecendo Cristo mais intimamente. Ele traz libertação para o passado, o presente e o futuro. *O qual nos livrou de tão grande morte, e nos livra; em quem esperamos. Que também nos livrará ainda* (2 Coríntios 1:10).

Redentor

Quantas vezes, como os filhos de Israel quando chegaram ao Mar Vermelho, ficamos desanimados porque tudo parecia escuro diante de nós, atrás de nós e ao nosso redor, e não sabíamos para onde ir? Como Pedro, perguntamos: *A quem iremos?* (João 6:68). Mas Deus apareceu para nos libertar. Ele nos conduziu pelo Mar Vermelho até o deserto e abriu o caminho para a terra prometida. Cristo não é apenas o nosso libertador, mas também o nosso redentor. Isso é algo mais do que ser nosso Salvador. Ele nos trouxe de volta. *De graça fostes vendidos, e sem dinheiro sereis resgatados* (Isaías 52:3). Nós não fomos redimidos *com coisas corruptíveis, como prata ou ouro* (1 Pedro 1:18). Se o ouro pudesse nos redimir, Ele não poderia ter criado dez mil mundos cheios de ouro?

Guia

Quando Deus redimiu os filhos de Israel da escravidão do Egito e os fez atravessar o Mar Vermelho, eles partiram para o deserto, e Deus se tornou o Caminho deles. Sou muito grato pelo fato de o Senhor não ter nos deixado na escuridão quanto ao caminho certo. Não há nenhuma pessoa viva que tenha andado às apalpadelas na escuridão que não possa vir a conhecer o caminho. *Eu SOU o caminho*, diz Jesus (João 14:6). Se seguirmos Cristo, estaremos no caminho certo e teremos a doutrina certa.

Quem poderia guiar os filhos de Israel pelo deserto como o próprio Deus Todo-Poderoso? Ele conhecia as armadilhas e os perigos do caminho e guiou o povo em sua jornada pelo deserto até a terra prometida. É verdade que, se não fosse por sua maldita incredulidade, eles poderiam ter atravessado a terra em Cades Barnéia e tomado posse dela, mas desejavam algo além da palavra de Deus; por isso, voltaram atrás e tiveram de vagar pelo deserto por quarenta anos.

Acredito que há milhares de filhos de Deus ainda vagando pelo deserto. O Senhor os livrou das mãos do egípcio e os levaria imediatamente pelo deserto até a terra prometida, se eles estivessem dispostos a seguir Jesus. Ele esteve aqui e tornou suaves os lugares difíceis, claros os lugares escuros e retos os lugares tortuosos. Se apenas formos guiados por Ele e O seguirmos, teremos paz, alegria e descanso.

Na fronteira, quando um homem sai para caçar, ele leva consigo um machado e corta pedaços da casca das árvores à medida que avança pela floresta; isso é chamado de "abrir caminho". Ele faz isso para saber o caminho de volta, já que não há caminho por essas florestas densas. Cristo desceu a esta Terra e "abriu o caminho". Agora que Ele subiu ao alto, se apenas O seguirmos, seremos mantidos no caminho certo.

Você pode saber se está seguindo Cristo dessa forma: Se alguém o caluniou ou o julgou mal, você o trata como o seu Mestre teria feito? Se você não suportar essas coisas com um espírito de amor e perdão, todas as igrejas e ministros do mundo não poderão corrigi-lo. *Se alguém não tem o Espírito de Cristo, esse tal não é dele* (Romanos 8:9). *Assim que, se alguém está em Cristo, nova criatura é; as coisas velhas já passaram; eis que tudo se fez novo* (2 Coríntios 5:17).

Luz

Cristo não é apenas o nosso caminho, mas Ele também é a luz sobre o caminho. Ele declara: *Eu sou a luz do mundo; quem me segue não andará em trevas, mas terá a luz da vida* (John 8:12). É impossível para qualquer homem ou mulher que esteja seguindo a Cristo andar nas trevas. Se sua alma está em trevas e você está tateando na névoa e na neblina da Terra, é porque se afastou da verdadeira luz. Nada além da luz dissipará as trevas. Se estiver andando na escuridão espiritual, permita que Cristo entre em seu coração. Ele é a luz.

Lembro-me de um quadro de que costumava gostar muito, mas agora que o observei mais de perto, não o colocaria em minha casa, a menos que o virasse para a parede. Ele representa Cristo em pé à porta e batendo com uma grande lanterna na mão. Você poderia muito bem pendurar uma lanterna no sol em vez de colocá-la na mão de Cristo. Ele é o Sol da Justiça, e temos o privilégio de andar à luz de um sol sem nuvens (Malaquias 4:2).

Paz e Alegria

Muitas pessoas estão buscando luz, paz e alegria. Não nos é dito para buscar essas coisas. Se permitirmos que Cristo entre em nosso coração, todas essas coisas virão por si mesmas. Lembro-me de que, quando eu era menino, costumava tentar pegar minha sombra. Um dia, eu estava caminhando com o rosto voltado para o sol e, quando me virei, vi que minha sombra estava me seguindo. Quanto mais rápido eu andava, mais minha sombra me seguia. Eu não conseguia me afastar dela. Quando nosso rosto está voltado para o Sol da Justiça, a paz e a alegria certamente virão.

Há algum tempo, um homem me disse: "Moody, como você se sente?" Fazia tanto tempo que eu não pensava em meus sentimentos que tive de parar e pensar um pouco para descobrir. Alguns cristãos pensam em seus sentimentos o tempo todo e, por não se sentirem bem, acham que sua alegria se foi. Se mantivermos nosso rosto voltado para Cristo e estivermos ocupados com Ele, seremos tirados da escuridão e dos problemas que podem ter se acumulado em nosso caminho.

Lembro-me de estar em uma reunião após o início da Guerra Civil. A guerra estava ocorrendo há cerca de seis meses. O exército do Norte havia sido derrotado em Bull Run; na verdade, não tínhamos nada além de derrota, e parecia que a república estava desmoronando. Estávamos abatidos e desanimados. Nessa reunião, cada orador parecia ter pendurado sua harpa em um salgueiro (Salmo 137:2). Foi uma das reuniões mais sombrias de que já participei. Finalmente, um senhor idoso com belos cabelos brancos levantou-se para falar. Seu rosto literalmente brilhava. "Jovens", disse ele, "vocês não falam como filhos do Rei. Embora esteja escuro aqui, lembrem-se de que há luz em outro lugar". Em seguida, continuou dizendo que, embora estivesse escuro em todo o mundo, havia luz ao redor do trono de Deus.

Ele nos contou que tinha vindo do Leste, onde um amigo havia lhe descrito como havia subido uma montanha para passar a noite e ver o sol nascer. Quando o grupo estava subindo a montanha e antes de chegar ao cume, começou uma tempestade. Esse amigo disse ao guia: "Vou desistir disso; leve-me de volta".

O guia sorriu e respondeu: "Acho que logo passaremos por cima da tempestade". Eles seguiram em frente e não demorou muito para chegarem a um lugar tão calmo quanto qualquer noite de verão. Lá embaixo, no vale, uma terrível tempestade assolava; eles podiam ouvir os trovões e ver os relâmpagos, mas tudo estava calmo e pacífico no topo da montanha.

"E assim, meus jovens amigos", continuou o ancião, 'embora tudo esteja escuro ao seu redor, subam um pouco mais e a escuridão desaparecerá'. Muitas vezes, quando me senti inclinado a ficar desanimado, pensei no que ele disse. Se você estiver no vale, em meio à névoa espessa e à escuridão, suba um pouco mais; aproxime-se de Cristo e conheça mais Dele.

A Bíblia diz que, quando Cristo morreu na cruz, a luz do mundo foi apagada. Deus enviou Seu Filho para ser a luz do mundo, mas as pessoas não amavam a luz porque ela as reprovava por seus pecados. Quando eles estavam prestes a apagar essa luz, o que Cristo disse a Seus discípulos? *E ser-me-eis testemunhas* (Atos 1:8). Ele foi interceder por nós, mas quer que brilhemos para Ele aqui embaixo. *Vós sois a luz do mundo* (Mateus 5:14). Nosso trabalho é brilhar, não tocar nossa própria trombeta para que as pessoas olhem para nós. O que precisamos fazer é mostrar Cristo. Se temos alguma luz, é uma luz emprestada.

Alguém disse a um jovem cristão: "Convertido! Tudo isso é luar!"

O jovem cristão respondeu: "Agradeço a você pela ilustração. A lua pega sua luz emprestada do sol, e nós pegamos a nossa emprestada do Sol da Justiça". Se somos de Cristo, estamos aqui para brilhar para Ele. Em breve, Ele nos chamará de volta para nossa recompensa.

Lembro-me de ter ouvido falar de um cego que estava sentado à beira do caminho com uma lanterna perto dele. Quando lhe perguntaram por que ele tinha uma lanterna, já que não podia ver sua luz, ele disse que era para que as pessoas não tropeçassem nele. Acredito que mais pessoas tropeçam nas inconsistências dos cristãos professos do que em qualquer outra causa. O que está causando mais danos à causa de Cristo do que todo o ceticismo do mundo é esse formalismo frio e morto, essa conformidade com o mundo, essa profissão do que não possuímos. Os olhos do mundo estão sobre nós. Acho que foi George Fox quem disse que todo Quaker deveria iluminar o país por dez milhas ao seu redor. Se todos nós estivéssemos brilhando intensamente para o Mestre, as pessoas ao nosso redor logo seriam alcançadas, e haveria um grito de louvor indo para o céu.

A Verdade

As pessoas dizem: "Quero saber o que é a verdade". Ouça: Jesus disse que Ele é a verdade (João 14:6). Se você quiser saber o que é a verdade, conheça Cristo. As pessoas também reclamam que não têm vida. Muitos estão tentando dar vida espiritual a si mesmos. Vocês podem se galvanizar e colocar eletricidade em si mesmos, por assim dizer, mas o efeito não durará muito tempo. Somente Cristo é o autor da vida. Se você quiser ter vida espiritual de verdade, conheça Jesus Cristo. Muitos tentam estimular a vida espiritual indo a reuniões. Isso pode ser bom, mas não terá utilidade alguma a menos que entrem em contato com o Cristo vivo; então, sua vida espiritual não será algo intermitente, mas será perpétua, fluindo continuamente e produzindo frutos para Deus.

Guardião

Jesus é o nosso guardião. Muitos jovens discípulos têm medo de não permanecerem firmes e continuarem na fé. *Eis que não tosquenejará nem dormirá o guarda de Israel* (Salmo 121:4). É a obra de Cristo nos guardar e, se Ele nos guardar, não haverá perigo de cairmos. Suponho que, se a rainha tivesse que cuidar da coroa da Inglaterra, algum ladrão poderia tentar acessá-la, mas ela está guardada na Torre de Londres e é vigiada dia e noite por soldados. Todo o exército inglês seria convocado para protegê-la, se necessário. Não temos força em nós mesmos. Não somos páreo para Satanás;

ele tem seis mil anos de experiência. Mas então nos lembramos de que Aquele que não cochila nem dorme é o nosso guardião. Em Isaías 41:10 lemos: *Não temas, porque eu sou contigo; não te assombres, porque eu sou teu Deus. Eu te fortaleço, e te ajudo, e te sustento com a destra da minha justiça.* Em Judas, versículo 24, somos informados de que Ele é capaz de nos impedir de cair. *Temos um Advogado para com o Pai, Jesus Cristo, o Justo* (1 João 2:1).

Pastor

Jesus Cristo também é nosso pastor. O trabalho do pastor é cuidar das ovelhas, alimentá-las e protegê--las. *EU SOU o bom pastor. . . Minhas ovelhas ouvem minha voz . . . Eu dou minha vida pelas ovelhas.* No maravilhoso décimo capítulo de João, Cristo usa o pronome pessoal nada menos que vinte e oito vezes para declarar quem Ele é e o que fará. No versículo 28 Ele afirma: *E nunca perecerão, e ninguém as arrebatará da minha mão.* Nenhuma pessoa ou demônio é capaz de fazer isso. A Escritura também declara: *Vossa vida está escondida com Cristo em Deus* (Colossenses 3:3). Como é seguro e protegido!

Cristo diz: *As minhas ovelhas ouvem a minha voz . . . e me seguem* (João 10:27). Um senhor do Oriente ouviu falar de um pastor que conseguia chamar todas as suas ovelhas pelo nome. Ele foi até lá e perguntou se isso era verdade. O pastor o levou ao pasto onde elas estavam e chamou uma delas por um nome qualquer. Uma ovelha olhou para cima e respondeu ao chamado, enquanto as outras continuaram a se alimentar e não prestaram atenção. Da mesma forma, ele chamou cerca de uma dúzia de ovelhas ao seu redor. O estranho disse: "Como você distingue uma da outra? Todas são perfeitamente iguais".

"Bem, veja", disse ele, 'aquela ovelha se inclina um pouco para dentro; aquela outra tem um estrabismo; uma tem um pequeno pedaço de lã; outra tem uma mancha preta; outra tem um pedaço de orelha'. O homem conhecia todas as suas ovelhas por suas falhas, pois ele não tinha nenhuma perfeita em todo o rebanho. Suponho que nosso Pastor nos conheça da mesma forma.

Certa vez, um pastor oriental estava dizendo a um senhor que suas ovelhas conheciam sua voz e que nenhum estranho poderia enganá-las. O senhor pensou que gostaria de testar essa afirmação. Ele vestiu a túnica e o turbante do pastor, pegou seu cajado e foi até o rebanho. Disfarçou sua voz e tentou falar o mais parecido possível com o pastor, mas não conseguiu fazer com que uma única ovelha do rebanho o seguisse. Ele perguntou ao pastor se suas ovelhas já haviam seguido um estranho. Ele respondeu que se uma ovelha ficasse doente, ela seguiria qualquer um.

Assim acontece com muitos cristãos professos; quando ficam doentes e fracos na fé, eles seguem qualquer professor que apareça; mas, quando a alma está saudável, o cristão não se deixa levar por erros e heresias. Ele saberá se a voz fala a verdade ou não. Ele logo poderá distinguir a voz de Deus, se estiver realmente em comunhão com Ele. Quando Deus envia um mensageiro verdadeiro, suas palavras encontrarão uma resposta pronta no coração do cristão.

Cristo é um pastor terno. Às vezes, você pode pensar que Ele não tem sido um pastor muito terno para você, se estiver passando pela vara da disciplina. Está escrito: *Porque o Senhor corrige o que ama e açoita a qualquer que recebe por filho* (Hebreus 12:6). O fato de você estar passando pela vara não é prova de que Cristo não o ama. Um amigo meu perdeu todos os seus filhos. Ninguém poderia ter amado mais sua família, mas a escarlatina os levou um a um; todos os quatro ou cinco filhos, um após o outro, morreram. Os pobres pais atingidos foram para a Grã-Bretanha e vagaram de um lugar para outro, lá e no continente.

Por fim, chegaram à Síria. Um dia, viram um pastor descer até um riacho e chamar seu rebanho para atravessar o riacho. As ovelhas se aproximaram da margem e olharam para a água, mas pareciam se encolher, e ele não conseguia fazê-las responder ao seu chamado. Ele então pegou um cordeirinho e o colocou debaixo de um braço; pegou outro cordeirinho e o colocou debaixo do outro braço, e então atravessou o riacho. As ovelhas velhas não ficaram mais olhando para a água. Elas mergulharam atrás do pastor e, em poucos minutos, todo o rebanho estava do outro lado. Ele as levou para pastos mais novos e frescos.

Ao observarem a cena, o pai e a mãe enlutados sentiram que aquilo lhes ensinara uma lição. Eles não murmuravam mais porque o Grande Pastor havia levado seus cordeiros, um a um, para o outro mundo. Eles olharam para cima e para frente, para o momento em que seguiriam os entes queridos que haviam perdido. Se você tem entes queridos que partiram antes, lembre--se: o seu Pastor o chama a *pensar nas coisas que são de cima, e não nas que são da terra* (Colossenses 3:2). Sejamos fiéis a Ele e O sigamos enquanto permanecermos neste mundo. Se você ainda não O aceitou como seu Pastor, faça isso hoje mesmo.

Muito Mais

Cristo não é apenas todas essas coisas que mencionei. Ele também é nosso Mediador, nosso Santificador, nosso Justificador; de fato, seriam necessários muitos volumes para dizer o que Ele deseja ser para cada alma individual. Certa vez, enquanto examinava alguns papéis, li esta maravilhosa descrição de Cristo. Não sei de onde ela veio originalmente, mas foi tão fresca para minha alma que gostaria de contá-la a vocês:

- Cristo é o nosso Caminho; andamos Nele.
- Ele é a nossa Verdade; nós O abraçamos.
- Ele é a nossa Vida; vivemos Nele.
- Ele é nosso Senhor; nós O escolhemos para governar sobre nós.
- Ele é nosso Mestre; nós O servimos.
- Ele é nosso Professor, instruindo-nos no caminho da salvação.
- Ele é nosso Profeta, apontando o futuro.

- Ele é nosso Sacerdote, tendo expiado por nós.

- Ele é nosso Advogado, sempre vivo para interceder por nós.

- Ele é nosso Salvador, salvando até o fim.

- Ele é a nossa raiz; crescemos a partir Dele.

- Ele é o nosso Pão; nós nos alimentamos Dele.

- Ele é o nosso Pastor, conduzindo-nos a pastos verdejantes.

- Ele é a nossa Videira verdadeira; nós permanecemos Nele.

- Ele é a Água da Vida; Dele saciamos a nossa sede.

- Ele é o mais belo entre dez mil; nós O admiramos acima de todos os outros.

- Ele é o resplendor da glória do Pai e a imagem expressa de Sua pessoa; nós nos esforçamos para refletir Sua semelhança.

- Ele é o sustentador de todas as coisas; nós nos apoiamos Nele.

- Ele é a nossa Sabedoria; somos guiados por Ele.

- Ele é a nossa Justiça; lançamos sobre Ele todas as nossas imperfeições.

- Ele é a nossa Santificação; Dele extraímos todo o nosso poder para uma vida santa.

- Ele é a nossa Redenção, redimindo-nos de toda iniquidade.

- Ele é nosso Curador, curando todas as nossas doenças.

- Ele é nosso Amigo, aliviando-nos em todas as nossas necessidades.

- Ele é nosso Irmão, animando-nos em nossas dificuldades.

- Ele é a nossa Ressurreição: ainda que morramos, viveremos novamente por Ele.

- Ele é nossa Vida Eterna: receberemos Dele o "sopro da imortalidade".

Gotthold Lessing escreveu outro belo trecho:

De minha parte, minha alma é como uma criança faminta e sedenta, e preciso de Seu amor e consolo para me refrescar. Sou uma ovelha errante e perdida, e preciso Dele como um pastor bom e fiel. Minha alma é como uma pomba assustada perseguida pelo falcão, e preciso de Suas feridas como refúgio. Sou uma videira fraca, e preciso de Sua cruz para me agarrar e me enrolar. Sou um pecador, e preciso de Sua justiça. Estou nu e despido, e preciso de Sua santidade e inocência como cobertura. Estou em apuros e alarmado, e preciso de Seu consolo. Sou ignorante, e preciso de Seus ensinamentos; simples e tolo, e preciso da orientação de Seu Espírito Santo. Em nenhuma situação e em nenhum momento posso passar sem Ele. Eu oro? Ele deve me alertar e interceder por mim. Estou sendo acusado por Satanás no tribunal divino? Ele deve ser meu advogado. Estou em aflição? Ele deve ser meu ajudante. Estou sendo perseguido pelo mundo? Ele deve me defender. Quando eu for abandonado, Ele deve ser meu apoio. Quando estiver morrendo, minha vida; quando estiver [em decomposição] na sepultura, minha ressurreição. Bem, então, prefiro me separar de todo o mundo e de tudo o que ele contém, do que de Você, meu Salvador; e, graças a Deus, sei que Você também não é capaz nem está disposto a passar sem mim. O Senhor é rico, e eu sou pobre. O Senhor tem abundância, e eu sou necessitado. O senhor tem justiça, e eu tenho pecados. O Senhor têm vinho e óleo, e eu tenho feridas. O senhor tem bebidas e refrescos, e eu tenho fome e sede.

Use-me, então, meu Salvador, para qualquer propósito e de qualquer maneira que o Senhor possa exigir. Aqui está meu pobre coração, um vaso vazio; encha-o com Sua graça. Aqui está minha alma pecadora e perturbada; vivifique-a e refresque-a com Seu amor. Tome meu coração para Sua morada; minha boca para espalhar a glória de Seu nome; meu amor e todas as minhas forças para a promoção de Sua honra e o serviço de Seu povo crente. Nunca permita que a firmeza e a confiança de minha fé diminuam, de modo que em todos os momentos eu possa dizer de coração: "Jesus precisa de mim, e eu preciso Dele; e assim nos adequamos um ao outro".

Capítulo 9

Desvio

Eu sararei a sua infidelidade, eu de bom grado os amarei, porque a minha ira se apartou deles (Oséias 14:4).

Há dois tipos de desviados. Alguns nunca se converteram; passaram pelo ato de se unir a uma comunidade cristã e afirmam ser apóstatas, mas nunca "deslizaram para frente", se é que posso usar essa expressão. Eles podem falar de apostasia, mas nunca nasceram de novo de fato. Eles precisam ser tratados de forma diferente dos verdadeiros apóstatas - aqueles que nasceram da semente incorruptível, mas que se desviaram. Queremos trazer esses últimos de volta pelo mesmo caminho pelo qual deixaram seu primeiro amor.

Consulte o Salmo 85:5-7. Lá você lerá: *Ficarás indignado contra nós para sempre? Prolongarás a tua ira de geração em geração? Não tornarás a vivificar-nos, para que o teu povo se alegre em ti? Mostra-nos, SENHOR, a tua misericórdia e concede-nos a tua salvação.*

Agora veja o Salmo 85:8: *Escutarei o que Deus, o SENHOR, disser; porque ele falará de paz ao seu povo, e aos seus santos, para que não voltem à loucura.*

Não há nada que faça tanto bem aos desviados quanto ter contato com a Palavra de Deus; para eles, o Antigo Testamento é tão rico em ajuda quanto o Novo. O livro de Jeremias tem algumas passagens maravilhosas para os errantes. O que queremos fazer é levar os desviados a ouvir o que Deus, o Senhor, dirá.

Veja por um momento Jeremias 6:10: *A quem falarei e testemunharei, para que ouçam? Eis que os seus ouvidos estão incircuncisos e não podem escutar. Eis que a palavra do SENHOR é para eles coisa vergonhosa; não gostam dela.* Essa é a condição dos desviados. Eles não têm prazer algum na Palavra de Deus. Mas queremos trazê-los de volta e deixar que Deus os ouça. Agora leia Jeremias 6:14-17:

> *Curaram superficialmente a ferida do meu povo, dizendo: Paz, paz; quando não há paz. Porventura envergonharam-se por terem cometido abominação? Não, de maneira nenhuma se envergonharam, nem sabem corar. Portanto cairão entre os que caem; quando eu os castigar, tropeçarão, diz o SENHOR. Assim diz o SENHOR: Ponde-vos nos caminhos, e vede, e perguntai pelas veredas antigas, qual é o bom caminho, e andai por ele; e achareis*

descanso para as vossas almas. Mas eles
disseram: Não andaremos nele. Também
pus atalaias sobre vós, dizendo: Estai aten-
tos ao som da trombeta! Mas disseram: Não
escutaremos.

Essa era a condição dos judeus quando se desviaram. Eles haviam se desviado dos antigos caminhos. Essa é a condição dos desviados. Eles se afastaram do bom e velho Livro. Adão e Eva caíram por não darem ouvidos à palavra de Deus. Eles não acreditaram na palavra de Deus, mas acreditaram no tentador. É dessa forma que os desviados caem - afastando-se da Palavra de Deus.

No segundo capítulo de Jeremias, encontramos Deus suplicando a eles como um pai suplicaria a um filho:

Assim diz o SENHOR: Que injustiça acha-
ram em mim vossos pais, para se afastarem
de mim, andando após a vaidade e tornan-
do-se levianos? Portanto, ainda contenderei
convosco, diz o SENHOR, e com os filhos de
vossos filhos contenderei. . . Porque o meu
povo fez duas maldades: a mim me deixa-
ram, o manancial de águas vivas, e cava-
ram para si cisternas, cisternas rotas, que
não retêm as águas (Jeremias 2:5, 9, 13).

Uma coisa que devemos chamar a atenção dos desvia-dos é que o Senhor nunca os abandonou, mas eles O abandonaram! O Senhor nunca os abandonou, mas eles O abandonaram! E isso, também, sem qualquer motivo! Ele pergunta: *Que injustiça acharam em mim vossos pais, para se afastarem de mim?* Deus não é o mesmo hoje do que quando você se achegou a Ele pela primeira vez? Deus mudou? Os homens tendem a pensar que Deus mudou, mas a culpa é deles. Desviado, eu lhe perguntaria: "Que iniquidade há em Deus para que você O tenha deixado e se afastado dEle?" Ele diz que vocês construíram para si mesmos cisternas quebradas que não retêm água. O mundo não pode satisfazer a nova natureza. Nenhum poço terreno pode satisfazer a alma que se tornou participante da natureza celestial. A honra, a riqueza e os prazeres deste mundo não satisfarão aqueles que se desviaram e buscaram refresco nas fontes do mundo depois de provarem a água da vida. Os poços terrenos ficarão secos. Eles não podem saciar a sede espiritual.

Jeremias 2:32 diz: *Pode uma virgem esquecer-se dos seus enfeites, ou uma noiva, dos seus adornos? Todavia o meu povo se esqueceu de mim por dias sem número.* Essa é a acusação que Deus faz contra o desviado. Eles *se esqueceram de mim por dias sem número.*

As moças muitas vezes se surpreendem quando eu lhes digo: "Minha amiga, você pensa mais em seus brincos do que no Senhor."

A resposta foi: "Não, não penso".

Mas quando perguntei: "Você não ficaria preocupada se perdesse um deles e não o procuraria?"

A resposta foi: "Bem, sim, acho que sim". Mas quando elas se afastaram do Senhor, isso não as incomodou, nem elas O procuraram para encontrá-Lo.

Quantas moças que antes estavam em comunhão

diária com o Senhor agora pensam mais em suas roupas e joias do que em suas preciosas almas! O amor não gosta de ser esquecido. As mães ficariam com o coração partido se seus filhos as deixassem e nunca escrevessem uma palavra ou enviassem qualquer lembrança de seu afeto; Deus suplica pelos desviados como um pai suplica pelos entes queridos que se desviaram. Ele tenta trazê-los de volta. Ele pergunta: "O que fiz eu para que você me abandonasse?"

As palavras mais ternas e amorosas que podem ser encontradas em toda a Bíblia são de Deus para aqueles que O abandonaram sem motivo. Ouça como Ele argumenta contra isso: *A tua própria malícia te castigará, e as tuas apostasias te repreenderão; sabe, pois, e vê que mau e quão amargo coisa é deixares ao SENHOR teu Deus, e não teres em ti o meu temor, diz o Senhor DEUS dos Exércitos* (Jeremias 2:19).

Não exagero quando digo que já vi centenas de desviados voltarem e perguntei a eles se não achavam uma coisa má e amarga deixar o Senhor. Não é possível encontrar um verdadeiro apóstata que tenha conhecido o Senhor e que não admita que é uma coisa má e amarga afastar-se Dele. Não conheço nenhum versículo mais usado para trazer de volta os errantes do que esse de Jeremias. Que ele o traga de volta se você tiver se desviado para uma terra distante.

Considere Ló. Ele não achou isso uma coisa má e amarga? Ele esteve em Sodoma por vinte anos e nunca se converteu. Ele se dava bem aos olhos do mundo. Os homens lhe diriam que ele era um dos homens mais influentes e dignos de toda Sodoma. Mas, infelizmente!

Ele arruinou sua família. É uma visão lamentável ver aquele velho apóstata andando pelas ruas de Sodoma à meia-noite, depois de ter avisado seus filhos e eles terem feito ouvidos moucos.

Nunca vi um homem e sua esposa se desviarem do caminho sem que isso provasse a ruína total de seus filhos. Eles zombarão da religião e ridicularizarão seus pais: *A tua própria malícia te castigará, e as tuas apostasias te repreenderão*. Davi não achava que era assim? Ouvi-o clamar: *Ó meu filho Absalão, meu filho, meu filho Absalão! Ó meu filho Absalão, meu filho, meu filho Absalão!* (2 Samuel 18:33). Acho que foi a ruína, e não a morte de seu filho, que causou essa angústia.

Lembro-me de estar conversando com um homem idoso, até depois da meia-noite, há vários anos. Ele estava vagando há anos pelas montanhas áridas do pecado. Naquela noite, ele queria voltar para Deus. Oramos e oramos e oramos, até que a luz de Deus irrompeu sobre ele; ele foi embora regozijando-se. Na noite seguinte, ele se sentou à minha frente quando eu estava pregando, e acho que nunca vi alguém parecer tão triste e desolado em toda a minha vida. Ele me seguiu até a sala de consulta. "Qual é o problema?" perguntei. "Seus olhos não estão voltados para o Salvador? Suas dúvidas voltaram?"

"Não, não é isso", disse ele. "Não fui trabalhar, mas passei todo o dia de hoje visitando meus filhos. Todos eles são casados e estão nesta cidade. Fui de casa em casa, mas todos zombaram de mim. É o dia mais sombrio de minha vida. Percebi o que fiz. Levei meus filhos para o mundo e agora não consigo tirá-los de lá". O Senhor havia lhe devolvido a alegria de Sua salvação, mas havia a amarga consequência de sua transgressão. Se você observar as pessoas ao seu redor, verá que esses casos se repetem constantemente. Muitos vieram para sua cidade anos atrás e serviram a Deus em sua prosperidade, mas se esqueceram Dele; e onde estão seus filhos e filhas? Mostre-me o pai e a mãe que abandonaram o Senhor e voltaram para os elementos mesquinhos do mundo, e é provável que seus filhos estejam no caminho certo para a ruína.

Como desejamos ser fiéis, alertamos esses desviados. É um sinal de amor avisar sobre o perigo. Podemos ser vistos como inimigos por um tempo, mas os amigos mais verdadeiros são aqueles que levantam a voz de advertência. Israel não tinha um amigo mais verdadeiro do que Moisés. Deus deu Jeremias, um profeta chorão, ao Seu povo para trazê-lo de volta a Ele, mas eles rejeitaram Deus. Eles se esqueceram do Deus que os tirou do Egito e que os conduziu pelo deserto até a terra prometida. Em sua prosperidade, eles se esqueceram Dele e se afastaram. O Senhor lhes havia dito o que aconteceria, e aconteceu (Deuteronômio 28). O rei que desprezou a palavra de Deus foi levado cativo por Nabucodonosor, e seus filhos foram trazidos à sua presença, e cada um deles foi morto. Em seguida, seus olhos foram arrancados, e ele foi amarrado com correntes de bronze e lançado em uma masmorra na Babilônia (2 Reis 25:7). Foi assim que ele colheu o que havia semeado. Certamente é uma coisa má e amarga se desviar, mas o Senhor quer reconquistá-lo com a mensagem de Sua Palavra.

Em Jeremias 8:5 lemos: *Por que, pois, se desviou este povo, Jerusalém, com uma apostasia contínua? Apegam-se ao engano, recusam-se a voltar.* É isso que o Senhor traz contra eles. *Eles se recusam a voltar.* Deus continua:

> *Eu ouvi e escutei; não falam retamente;*
> *ninguém se arrepende da sua maldade,*
> *dizendo: Que fiz eu? Cada um se desvia*
> *para o seu curso, como o cavalo que se lança*
> *à batalha. Até a cegonha no céu conhece*
> *os seus tempos determinados; e a rola, e o*
> *andorinhão, e o tordo observam o tempo da*
> *sua arribação; mas o meu povo não conhece*
> *o juízo do SENHOR* (Jeremias 8:6-7).

Agora olhe: *Eu ouvi e escutei; não falam retamente.* Não há altar familiar! Nada de ler a Bíblia! Nenhuma devoção particular! Deus se inclina para ouvir, mas Seu povo se afastou! Se houver um desviado penitente, alguém que esteja ansioso por perdão e restauração, você não encontrará palavras mais ternas do que as encontradas em Jeremias 3:12-14:

> *Vai e apregoa estas palavras para o norte e*
> *diz: Volta, ó rebelde Israel, diz o SENHOR;*
> *não farei cair o meu rosto irado sobre*
> *vós, porque eu sou misericordioso, diz o*
> *SENHOR; não guardarei para sempre a*
> *minha ira. Tão-somente reconhece a tua*
> *iniquidade: que contra o SENHOR teu Deus*
> *transgrediste, e estendeste os teus caminhos*

*aos estranhos debaixo de toda árvore verde,
e não destes ouvidos à minha voz, diz o
SENHOR. Voltai, ó filhos rebeldes, diz o
SENHOR; porque eu sou vosso esposo, e vos
tomarei, um de uma cidade, e dois de uma
família, e vos levarei a Sião.*

Tão-somente reconhece a tua iniquidade. Quantas vezes já mostrei essa passagem a um desviado! Reconheça seu pecado, e Deus diz que o perdoará. Lembro-me de um homem perguntando: Quem disse isso? Isso está escrito aí? E eu lhe mostrei a passagem: *Tão-somente reconhece a tua iniquidade,* e o homem caiu de joelhos e clamou: 'Meu Deus, pequei!' O Senhor o restaurou ali mesmo. Se você se desviou do caminho, Ele quer que você volte.

Mais tarde Deus declara: *Que te farei, ó Efraim? Que te farei, ó Judá? Porque o teu amor é como a nuvem da manhã e como o orvalho que cedo passa* (Oséias 6:4). Sua compaixão e Seu amor são maravilhosos!

Veja Jeremias 3:22: *Voltai, ó filhos infiéis, eu curarei as vossas infidelidades. Eis-nos aqui, vimos a ti; porque tu és o SENHOR nosso Deus.* Ele até coloca as palavras certas na boca do desviado. Apenas venha, e se você vier, Ele o receberá graciosamente e o amará livremente.

Em Oséias 14:1-2, 4: *Volta, ó Israel, para o SENHOR teu Deus, porque tropeçaste na tua iniquidade. Tomai convosco palavras e voltai para o SENHOR* [Ele mesmo põe as palavras em vossa boca] *Dizei-lhe: Tira toda iniquidade e aceita o que é bom; e ofereceremos como novilhos os sacrifícios dos nossos lábios . . . Eu sararei a sua apostasia, eu de bom grado os amarei, porque a minha ira se apartou deles.* "Volte para Deus" ressoa em todas essas passagens.

Se você se desviou, lembre-se de que você O deixou - Ele não o deixou. Você deve sair da cova dos desviados da mesma forma que entrou. Se você tomar o mesmo caminho de volta que tomou quando deixou o Mestre, você O encontrará agora, exatamente onde está.

Se tratássemos Cristo como qualquer amigo terreno, nunca O deixaríamos, e nunca haveria um único desviado. Se eu estivesse em uma cidade por uma semana, não pensaria em ir embora sem apertar a mão dos amigos que fiz e me despedir deles. Eu seria justamente criticado se pegasse o trem e partisse sem dizer uma palavra a ninguém. O grito seria: "Qual é o problema?" Mas você já ouviu falar de um desviado que se despediu do Senhor Jesus Cristo? Você já ouviu falar de alguém que se afastou de Jesus e que primeiro se encontrou com Deus a sós e disse: "Senhor Jesus, eu O conheço há dez, vinte ou trinta anos, mas estou cansado de servi-Lo. Seu jugo não é fácil, nem Seu fardo é leve, por isso estou voltando para o mundo, para as coisas do Egito. Adeus, Senhor Jesus! Adeus"? Você já ouviu isso alguma vez? Não; você nunca ouviu e nunca ouvirá. Eu lhe digo, se você ficar a sós com Deus, se excluir o mundo e mantiver comunhão com o Mestre, não poderá deixá-Lo. A linguagem do seu coração será: *Senhor, para quem iremos nós? Tu tens as palavras da vida eterna* (João 6:68). Você não poderia voltar para o mundo se O tratasse dessa forma. Você saberia que só poderia se voltar para Jesus. Mas você O deixou e fugiu. Você se esqueceu dEle por incontáveis dias. Volte hoje, exatamente como você é! Decida que não descansará até que Deus lhe devolva a alegria de Sua salvação.

Certa vez, um senhor da Cornualha encontrou um cristão na rua que ele sabia ser um apóstata. Ele foi até ele e disse: "Diga-me, não há alguma separação entre você e o Senhor Jesus?"

O homem baixou a cabeça e disse: "Sim".

"Bem", disse o senhor, "o que Ele fez com você?" O homem respondeu com uma enxurrada de lágrimas.

Em Apocalipse 2:4-5, lemos:

> *Tenho, porém, contra ti que deixaste o teu primeiro amor. Lembra-te, pois, de onde caíste, e arrepende-te, e pratica as primeiras obras; quando não, brevemente a ti virei e tirarei do seu lugar o teu castiçal, se não te arrependeres.*

Quero protegê-lo contra um erro que algumas pessoas cometem em relação à realização *das primeiras ações*. Muitas pessoas acham que devem ter a mesma experiência novamente. Isso fez com que milhares de pessoas ficassem sem paz por meses, porque estavam esperando uma renovação de sua primeira experiência. Você nunca terá a mesma experiência de quando veio ao Senhor pela primeira vez. Deus nunca se repete. Não há duas pessoas em todos os milhões da Terra que se pareçam ou pensem da mesma forma. Você pode dizer que não consegue distinguir duas pessoas, mas quando se familiariza com elas, pode rapidamente distinguir as diferenças. Portanto, ninguém terá a mesma experiência uma segunda vez. Se Deus quiser restaurar a alegria Dele em sua alma, deixe que Ele o faça à maneira Dele. Não planeje uma maneira para que Deus o abençoe. Não espere ter a mesma experiência que teve há dois ou vinte anos. Você terá uma experiência nova, e Deus lidará com você à maneira Dele. Se você confessar seus pecados e disser a Ele que se desviou do caminho de Seus mandamentos, Ele lhe devolverá a alegria de Sua salvação.

Preste atenção na maneira como Pedro caiu, pois quase todas as pessoas caem da mesma forma. Quero fazer uma advertência àqueles que ainda não caíram. *Aquele, pois, que cuida estar em pé, olhe que não caia* (1 Coríntios 10:12). Vinte e cinco anos atrás, e nos primeiros cinco anos após minha conversão, eu costumava pensar que, se conseguisse permanecer firme em Cristo por vinte anos, não precisaria ter medo de me afastar. Mas quanto mais perto da cruz, mais feroz é a batalha. Satanás mira alto. Ele foi até os doze e escolheu o tesoureiro, Judas Iscariotes, e o principal apóstolo, Pedro. A maioria dos homens que caíram o fez pelo lado mais forte de seu caráter. Disseram-me que o único lado em que o Castelo de Edimburgo foi atacado com sucesso foi onde as rochas eram mais íngremes e onde a guarnição se julgava segura. Se alguém pensa que é forte o suficiente para resistir ao diabo em um ponto qualquer, precisa de uma vigilância especial nesse ponto, pois o tentador vem por ali.

Abraão está à frente da família da fé, e os filhos da fé podem traçar sua linhagem até Abraão; no entanto, no Egito, ele negou sua esposa (Gênesis 12). Moisés era conhecido por sua mansidão, mas foi impedido de entrar na terra prometida por causa de um ato e uma fala precipitados, quando o Senhor lhe disse que falasse à rocha para que a congregação e seus animais tivessem água para beber. *Ouvi agora, rebeldes: porventura tiraremos água desta rocha para vós?* (Números 20:10).

Elias era notável por sua ousadia e, no entanto, saiu de um dia de viagem para o deserto como um covarde e se escondeu debaixo de um zimbro, pedindo para morrer, por causa de uma mensagem que recebeu de uma mulher (1 Reis 19). Sejamos cuidadosos. Não importa quem seja o homem - ele pode estar no púlpito ou em algum outro lugar alto - se ele se tornar presunçoso, certamente cairá. Nós, que somos seguidores de Cristo, precisamos orar constantemente para sermos humildes e nos mantermos humildes. Deus fez o rosto de Moisés brilhar para que os outros homens pudessem vê-lo, mas o próprio Moisés não sabia que seu rosto brilhava. Quanto mais santo for o coração de uma pessoa, mais claramente sua vida diária semelhante à de Cristo e seu amor por Deus serão vistos pelo mundo exterior. Algumas pessoas falam sobre o quanto são humildes, mas se tiverem humildade verdadeira, não precisarão anunciar isso. Um farol não precisa bater um tambor ou tocar uma trombeta para proclamar que está próximo; ele é sua própria testemunha. Se tivermos a verdadeira luz em nós, ela se manifestará. Aqueles que fazem mais barulho não são os que têm mais piedade.

Há um riacho, ou um pequeno "queimado", como os escoceses o chamam, não muito longe de onde moro. Depois de uma chuva forte, é possível ouvir o barulho de suas águas a uma grande distância; mas se houver alguns dias de clima agradável, o riacho fica quase silencioso. Há também um rio perto de minha casa, cuja correnteza faz pouco barulho e continua em seu curso profundo e majestoso durante todo o ano. Devemos ter tanto do amor de Deus dentro de nós que sua presença será evidente sem que precisemos proclamar o fato em voz alta.

O primeiro passo para a queda de Pedro foi sua autoconfiança. O Senhor o advertiu. O Senhor disse: *Simão, Simão, eis que Satanás vos pediu para vos cirandar como trigo; mas eu roguei por ti, para que a tua fé não desfaleça* (Lucas 22:31-32). Mas Pedro disse: *Senhor, estou pronto a ir contigo tanto para a prisão como para a morte!* (Lucas 22:33). *Ainda que todos se escandalizem em ti, eu nunca me escandalizarei* (Mateus 26:33). Tiago, João e os outros podem deixá-lo, mas você pode contar comigo! Mas o Senhor o advertiu: *Eu te digo, Pedro: Não cantará hoje o galo antes que três vezes negues que me conheces* (Lucas 22:34).

Embora o Senhor o tenha repreendido, Pedro disse que estava pronto para segui-Lo até a morte. Essa vanglória é, com muita frequência, precursora de uma queda. Andemos com humildade e suavidade. Temos um grande tentador e, em um momento de descuido, podemos tropeçar, cair e escandalizar Cristo.

O próximo passo na queda de Pedro foi o fato de ele ter dormido. Se Satanás consegue fazer a igreja dormir, ele faz seu trabalho por meio do próprio povo de Deus. Em vez de Pedro ficar atento a uma breve hora no Getsêmani, ele adormeceu. O Senhor então perguntou: *Assim, nem uma hora pudestes vós vigiar comigo?* (Mateus 26:40). Em seguida, ele lutou com a energia da carne. O Senhor o repreendeu novamente e disse: *Todos os que lançarem mão da espada, à espada morrerão* (Mateus 26:52). Jesus teve de desfazer o que Pedro havia feito. Em seguida, *Pedro seguia-o de longe* (Mateus 26:58). Passo a passo, ele se afasta. É muito triste quando um filho de Deus segue para longe. Quando o vemos se associar a amigos mundanos e exercer sua influência no lado errado, ele está se afastando. Não demorará muito para que a desgraça recaia sobre o antigo nome da família, e Jesus Cristo será ferido na casa de seus amigos. Esse homem, com seu exemplo, fará com que outros tropecem e caiam.

Depois disso, Pedro se torna familiar e amigável com os inimigos de Cristo. Uma donzela diz a esse ousado Pedro:

> *Tu também estavas com Jesus, o Galileu.'*
> *Mas ele negou diante de todos, dizendo:*
> *'Não sei o que dizes.' Quando saiu para*
> *o vestíbulo, outra serva o viu e disse aos*
> *que ali estavam: 'Este também estava com*
> *Jesus, o Nazareno.' E ele negou outra vez*
> *com juramento: 'Não conheço esse homem.*
> (Mateus 26:69-72).

Mais uma hora se passou, e Pedro ainda não havia percebido sua posição. Quando outra pessoa afirmou com convicção que o sotaque de Pedro o denunciava como galileu, ele se enfureceu e *começou a praguejar e jurar*, negando mais uma vez seu Mestre – e o galo cantou (Mateus 26:73-74).

Pedro começou no alto do pináculo da presunção e foi descendo degrau por degrau até começar a praguejar e jurar que nunca havia conhecido seu Senhor.

O Mestre poderia ter-se voltado para ele e dito: "É verdade, Pedro, que tão depressa te esqueceste de mim?" Não te lembras quando a sogra de jazia enferma com febre, e eu repreendi a doença, e ela a deixou?" (Mateus 8:14-15) Não te lembras do teu espanto quando pescaste tantos peixes que exclamaste: *Afasta-te de mim, Senhor, porque sou pecador* (Lucas 5:8)? *Lembras-te quando, em resposta ao teu clamor:* "Senhor, salva-me!", *estendi minha mão e te impedi de afundar nas águas* (Mateus 14:30-31)? *Esqueceste-te quando, no Monte da Transfiguração com Tiago e João, me disseste:* "Senhor, bom é estarmos aqui; se queres, farei aqui três tabernáculos" (Mateus 17:4)? *Esqueceste-te de estar comigo à mesa da ceia e no Getsêmani? É verdade que tão depressa te esqueceste de mim?* O Senhor poderia tê-lo repreendido com perguntas como essas, mas não fez nada disso. Ele lançou um olhar para Pedro, e havia tanto amor nele que partiu o coração daquele discípulo ousado; ele saiu e chorou amargamente.

Depois que Cristo ressuscitou dos mortos, observe a ternura com que Ele tratou o discípulo errante. O anjo no sepulcro disse: *Dizei aos seus discípulos, e a Pedro* (Marcos 16:7). O Senhor não Se esqueceu de Pedro, embora Pedro O tenha negado três vezes, e fez com que essa mensagem gentil e especial fosse transmitida ao discípulo arrependido. Que Salvador terno e amoroso nós temos!

Amigo, se você é um dos errantes, deixe que o olhar amoroso do Mestre o reconquiste. Deixe que Ele o restaure à alegria de Sua salvação.

Antes de encerrar, deixe-me dizer que oro para que Deus restaure algum desviado que esteja lendo estas páginas e que possa se tornar um membro útil da sociedade e um ornamento brilhante da igreja no futuro. Nunca teríamos o Salmo 32 se Davi não tivesse sido restaurado: *Bem-aventurado aquele cuja transgressão é perdoada, e cujo pecado é coberto* (Salmo 32:1). Se não fosse pelo amor de Deus, não teríamos o belo Salmo 51, que foi escrito pelo apóstata restaurado. Tampouco teríamos aquele maravilhoso sermão no dia de Pentecostes, quando três mil pessoas se converteram - pregado por outro desviado restaurado (Atos 2).

Que Deus possa restaurar outros desviados e torná-los mil vezes mais úteis para a Sua glória do que jamais foram. Se você não conhece Jesus ou se afastou dEle, busque-O hoje mesmo!

Sobre o Autor

D wight Lyman Moody nasceu em 5 de fevereiro de 1837, em Northfield, Massachusetts. Seu pai morreu quando Dwight tinha apenas quatro anos de idade, deixando sua mãe com nove filhos para cuidar. Quando Dwight tinha dezessete anos, foi para Boston para trabalhar como vendedor. Um ano depois, foi levado a Jesus Cristo por Edward Kimball, professor da escola dominical de Moody. Moody logo partiu para Chicago e começou a dar sua própria aula na escola dominical. Aos vinte e três anos, ele se tornou um vendedor de calçados bem-sucedido, ganhando US$ 5.000

em apenas oito meses, o que era muito dinheiro para a metade do século XIX. No entanto, tendo decidido seguir Jesus, ele deixou sua carreira para se dedicar ao trabalho cristão por apenas 300 dólares por ano.

D. L. Moody não era um ministro ordenado, mas era um evangelista eficaz. Henry Varley, um evangelista britânico, disse-lhe certa vez: "Moody, o mundo ainda não viu o que Deus fará com um homem totalmente consagrado a Ele". Mais tarde, Moody disse: "Com a ajuda de Deus, pretendo ser esse homem".

Estima-se que, durante sua vida, sem a ajuda da televisão ou do rádio, Moody viajou mais de um milhão de milhas, pregou para mais de um milhão de pessoas e lidou pessoalmente com mais de setecentos e cinquenta mil indivíduos.

D. L. Moody morreu em 22 de dezembro de 1899.

Moody disse certa vez: "Algum dia vocês lerão nos jornais que D. L. Moody, de East Northfield, está morto. Não acreditem em uma palavra sequer! Naquele momento, estarei mais vivo do que estou agora. Terei subido mais alto, isso é tudo — saído deste velho cortiço de barro para uma casa imortal; um corpo que a morte não pode tocar, que o pecado não pode manchar, um corpo moldado como o Seu corpo glorioso. Eu nasci da carne em 1837. Nasci do Espírito em 1856. O que é nascido da carne pode morrer. O que é nascido do Espírito viverá para sempre."